O UNIVERSO CONSPIRA A SEU FAVOR

Jerry & Esther Hicks

O UNIVERSO CONSPIRA A SEU FAVOR

Tradução
Mirian Ibañez

Ediouro

Título original:
A new beginning II

Revisão
Wilson Ryjoji Imoto
Sandra Garcia Cortés

Capa
Ana Dobón

Projeto gráfico e editoração eletrônica
Dany Editora Ltda.

Dados Internacionais de Catalogação na Publicação (CIP)
(Câmara Brasileira do Livro, SP, Brasil)

Abraham (Espírito).
O universo conspira a seu favor / Abraham ; [psicografado por] Esther e Jerry Hicks ; tradução Mirian Ibañez. — São Paulo : Ediouro, 2008.

Título original: A new beginning II.
ISBN 978-85-00-02335-4

1. Auto-realização 2. Obras psicografadas 3. Vida espiritual I. Hicks, Esther. II. Hicks, Jerry. III. Título.

08-01570 CDD-133.93

Índice para catálogo sistemático:

1. Mensagens espíritas : Espiritismo 133.93

Rua Nova Jerusalém, 345 – Bonsucesso
Rio de Janeiro – RJ – CEP 21042-235
Tel.: (21) 3882-8200 Fax: (21) 3882-8212 / 3882-8313
www.ediouro.com.br

Sumário

PARTE II

Exemplos vivos

PERGUNTAS E RESPOSTAS DE SESSÕES DE GRUPO

Apresentação

Como observador e usuário desse fenômeno de seres não-físicos que se comunicam através do aparato corporal de minha mulher, Esther, eu sei que eles são brilhantes, alegres e amorosos e também que deram a si mesmos o nome de ABRAHAM. Mas, depois de muitos anos e milhares de horas de deliberada interação com ABRAHAM, eu continuo sem uma terminologia técnica para expressar a você quem ou como eles são, ou mesmo como acontece seu processo de comunicação.

Embora não seja necessário entender tecnicamente "o que ou como" funciona o fenômeno da eletricidade para utilizá-lo ou beneficiar-se dele, o mesmo ocorre com a compreensão de ABRAHAM, nesse mesmo sentido. As vantagens são semelhantes e podem ser tão extensas, profundas e contínuas quanto você quiser.

Não importa as razões que lhe trouxeram este livro às mãos e aos olhos... Se o está lendo, faz isso a partir de seu claro desejo ou de outra necessidade qualquer, com vistas a permitir a manifestação de alguma coisa que queira, o que pode servir de estímulo para outro, claro, "novo" segmento de sua experiência de vida — independentemente de sua formação educacional ou realização pessoal ... Será mais um passo em direção ao despertar de sua consciência de que "O CAMINHO PARA TUDO O QUE VOCÊ ESTÁ QUERENDO PASSA PELO CORREDOR DE SUA ALEGRIA".

Comentário de um leitor: *Eu estudei e lutei, durante os últimos 30 anos, para entender minha vida, e agora — depois de absorver os ensinamentos de ABRAHAM — a procura e o estresse ficaram no passado. E que maravilha é perceber, como me sinto agora, pela primeira vez, começando a vivenciar, consciente e alegremente, minha vida!*

À medida que você prosseguir, ponto por ponto, ao longo das próximas páginas, conte com a possibilidade de encontrar uma nova clareza; de descobrir processos práticos e conceitos; e de experimentar a elevação a um novo patamar de poder consciente. Isso vale para todos os que estão também procurando mais alegria.

O UNIVERSO CONSPIRA A SEU FAVOR é como um poderoso estímulo para os pensamentos e a evolução, mas se você quer ter um conhecimento mais extenso das filosofias básicas de ABRAHAM, ou ter acesso aos fundamentos da evolução que Esther e eu vivenciamos, recomendo a leitura de A CHAVE DO SEGREDO, publicado em 2007.

Na edição original, como também nesta, eu tomei a iniciativa de frisar determinados trechos, com tipos itálicos ou maiúsculas, porque — de acordo com minha perspectiva — são pontos cruciais para a compreensão do conteúdo. Ao ler e reler esses escritos, eu fico extremamente satisfeito ao antever seus impressionantes *flashes* de conhecimento, enquanto você descobre os tesouros de entendimento que experimentou, em seu interior, desde o começo de sua existência. Tudo subirá à superfície de sua consciência: quanto valor e poder você tem e como já é um ser perfeito.

JERRY S. HICKS
Boerne, Texas

Parte I

Abraham fala com Jerry e Esther

É uma grande satisfação começar a escrever outro livro. Ao sugerir cada palavra que vai se alinhando em frases página por página, podemos avaliar o imenso valor que elas terão na vida dos leitores. Ao projetar este trabalho em direção ao seu futuro físico, nós nos maravilhamos com seus efeitos.

Cada ser humano físico que responder ao nosso trabalho fará isso de maneira única, e cada resposta terá grande valor. Nenhuma terá o mesmo peso de outra. Em outras palavras, não existe nada de específico que esperamos de sua participação. Porque sabemos que cada reação tem seu próprio valor. Não existe uma crença determinada do que possa resultar deste livro, e nenhuma resposta esperada, em particular. Nós oferecemos este livro para nosso puro deleite na co-criação, a partir de nossa perspectiva não-física para aqueles que estão continuamente focados na física.

Seres físicos freqüentemente resistem a quem procura informá-los sobre novos temas, por muitas razões.

Em alguns casos, a pessoa acredita que sabe as respostas para todas as questões, porque permaneceu tão profundamente imersa nas tradições e crenças daqueles que estão ao seu redor, desde o tempo de seu nascimento, que não pode aceitar outras, diferentes, como válidas. Nem sequer considera idéias que fogem ao contexto aceito por sua família, seu círculo religioso ou seu país.

Em outros casos, as crenças que a criatura tem não se misturam ou se harmonizam com a nova informação que lhe é oferecida. Porque as novas idéias não combinam com as velhas idéias, a pessoa sente grande insegurança e procura se proteger mais ainda ou defender, com entusiasmo, tudo aquilo em que crê.

Em outros casos, aquele ser humano específico não está à procura de nada, de forma que um novo ou diferente estímulo parece invasivo — assim, a pessoa resiste. Sente a picada do desejo que manifestou, mas não recebeu durante tanto tempo — a ponto de desistir. Não quer mais. Decidiu que é fácil aceitar as coisas como são, achando que são absolutamente estáticas e rotineiras, dia após dia. Não aspiram mais a nenhuma mudança, acreditando que esse conformismo seja melhor do que querer mudar e não conseguir.

Portanto, enquanto introduzimos este livro no seu mundo físico a partir de nossa perspectiva não-física, claramente sabemos que não será recebido por todos. Aqueles que forem receptivos ao valor destas palavras são os que já reconhecem que não há fim para a evolução. Aqueles que serão iluminados por este livro, sem exceção, serão os que sabem que não têm todas as respostas. Nossa maior oferta é para aqueles sábios seres físicos que já concluíram, por sua experiência de vida, que não há um ponto final para o crescimento. Para quem sabe que as respostas para cada questão formulada ao longo da vida chegarão claramente, ao mesmo tempo que atrairão novas perguntas e respostas, que por sua vez atrairão novas, claras e intensas perguntas...

O grande valor deste livro será reconhecido por aqueles que entenderem que não podem vivenciar o que está fora dos limites de suas crenças atuais. Por aqueles que, sábia, cuidadosa e deliberadamente, modificam ou substituem algumas crenças existentes. Suspeitam que talvez essas crenças arraigadas possam estar escondendo (ou mesmo reprimindo) sua ânsia por mais liberdade, crescimento e alegria. E, ainda, por aqueles que são corajosos o bastante para pensar claramente por si mesmos, usando sua própria e valiosa experiência de vida de maneira muito ampla: como um processo pelo qual podem chegar a suas próprias conclusões.

Este livro terá imenso valor para aqueles que identificaram coisas, experiências, relações ou sentimentos — ainda não vivenciados até agora.

Da mesma forma, será muito valioso, para aqueles que estão vivenciando privações, doenças, processos na justiça ou outros tipos de experiência negativa de que querem se livrar permanentemente.

Nós oferecemos este livro para ajudar aqueles que realmente querem manter o Controle Criativo deliberado de sua experiência de vida. Foi escrito para ajudar você a manifestar o que esboçou como desejo, quando tomou a decisão de vir para este corpo físico.

Assim, é com imenso entusiasmo e grande expectativa que começamos a escrever.

Estamos igualmente inspirados a essa oferta de felicidade por causa do nosso conhecimento da vida daqueles que procuram o que está escrito aqui e também por nosso conhecimento da Lei da Atração que faz com que abram o livro todos aqueles que procuram o que aqui está escrito.

Capítulo 1

Nossa parte nesta magnífica co-criação

Há muitos de nós, aqui, trabalhando como co-autores neste livro. As palavras que você está lendo agora são oferecidas por um grupo de seres que estão constantemente observando sua dimensão física, a partir de nossa dimensão não-física.

Nós somos um grupo, perfeitamente mesclado, vivendo em absoluta harmonia. Estamos juntos porque nossas experiências nos levaram às mesmas conclusões. E, desde esse envolvente ponto de vista, todos temos a mesma perspectiva. Não estamos juntos apenas por causa de nossa atual e mútua intenção de escrever este livro, mas também porque estamos envolvidos pelas leis naturais do Universo.

São essas leis que permitem um glorioso e consistente formato para a vida na dimensão não-física, que também garantem a forma de vida na dimensão física em que vocês, leitores, se encontram. E, da mesma maneira que estamos harmoniosamente ligados com nossos companheiros não-físicos, também estamos com os físicos, Jerry e Esther.

Esses laços afetivos, entre ABRAHAM, Jerry e Esther, não são novos e referentes apenas a este particular espaço físico e tempo, mas uma longa aproximação de amigos não-físicos. Nós temos interagido em incontáveis experiências de vida e fazemos isso agora com muita satisfação, compartilhada por todos os que estão envolvidos nesse trabalho, sejam eles seres físicos ou não-físicos. Com certeza, nossa feliz tarefa se estende bem além das fronteiras de uma única vida física.

Como criaturas físicas, muitos de vocês estão tão firmemente enraizados em sua perspectiva física que perdem a dimensão de um quadro bem maior. Mas às vezes vocês sentem seus mais profundos propósitos, e alguns, ao perceber isso, passam a caminhar nessa direção ativamente. Quando apresentam suas perguntas, pelas poderosas leis do Universo, as respostas começam a surgir.

Nosso amigo Jerry, quando era adolescente, sentiu esse tipo de objetivo interior, e começou a esboçar uma série de questões que, às vezes, encantavam e às vezes ofendiam seus professores, quando ele as apresentava publicamente. Enquanto não entendia sua conexão com o não-físico, ele estava certo de que havia muito mais na vida do que seus olhos físicos eram capazes de captar, e assim ele se dispôs a procurar e questionar. Seu objetivo era querer entender. De fato, foi a intensa necessidade de Jerry de compreender o que estava além das fronteiras do Universo que invocou a presença física da energia não-física de ABRAHAM.

A energia não-física de ABRAHAM já estava aberta para Jerry durante toda sua vida na Terra, mas somente quando houve a mescla do *desejo* de Jerry e da *permissão* de Esther passamos a fazer esta magnífica conexão consciente. Esther também "sentiu" o imenso e expansivo Universo. E, como Jerry, ela quis muito dar um valor à sua existência física neste tempo e lugar. O que Esther ofereceu para esta receita única, que inclui ingredientes físicos e não-físicos, foi uma absoluta confiança e uma inquestionável boa vontade para permitir que isso ocorresse.

Esther tornou possível um alinhamento de sua energia física com a nossa não-física, que permitiu as bases para nossa comunicação com vocês. Ela está literalmente recebendo blocos de puro e não-verbal pensamento a partir de nós, e isso, que acontece num nível inconsciente, pode ser traduzido em palavras. Cada uma delas que você lê aqui é um símbolo que foi interpretado por Esther. Ela está recebendo impulsos de pensamentos que lhe mandamos, em enormes blocos, e está digerindo esses impulsos num nível inconsciente de seu ser e colocando as palavras nas páginas para vocês. Como nós estamos oferecendo blocos de pensamentos, continuamente levamos em consideração a perspectiva daqueles que irão receber essas traduções, e estamos conscientes, com cada partícula de pensamentos que transmitimos, de como serão recebidos.

Nós começamos este segmento com uma afirmação, "Há muitos de nós reunidos aqui", portanto a palavra "aqui" não se aplica literalmente à dimensão não-física em que nós existimos. "Aqui" indica um lugar e "um lugar" designa um espaço físico, mas nós não estamos focados nesse tipo de esfera. Não obstante, descobrimos que se realmente quisermos oferecer uma mensagem de real valor a vocês, que estão fisicamente focados, temos de nos aproximar e falar exatamente dessa perspectiva em que vocês se encontram, para que nossa mensagem faça total sentido.

LUZES REUNIDAS EM UM RAIO FULGURANTE

Assim, nós continuamente estamos procurando pontes de pensamentos pelas quais possamos comunicar conhecimento sem distorção. Pontes que nos permitam expandir sua experiência física, sem oferecer contos de fada fantasiosos demais. Quando dizemos "há muitos de nós reunidos aqui", estamos conscientes da imagem que essa afirmação traz para muitos de vocês, porque não podem abstrair sua perspectiva física, mesmo que estejam contemplando uma dimensão não-física.

"Muitos de nós reunidos aqui", em dimensão não-física, não pode ser literalmente traduzido para sua perspectiva física porque somos diferentes de vocês. Nós não estamos contidos em corpos e somos muito mais flexíveis em nossos movimentos. Quando dizemos "reunidos", não se trata, em absoluto, de estarmos todos concentrados em uma velha sala confortável para conversar com amigos físicos do plano terreno. Nós estamos literalmente mesclados, uns nos outros, como pequenas luzes que juntas formam um raio fulgurante.

Não muito depois de Esther começar a falar conosco, ela disse: "ABRAHAM, eu quero ver você!". Ela havia lido relatos de outros seres físicos que estavam falando com amigos não-físicos e esses textos se referiam a detalhes visuais muito elaborados sobre esses encontros.

Dissemos para Esther, "Observamos você, movimentando-se em sua casa, à noite, com os olhos fechados, amedrontada pela simples possibilidade de poder nos ver".

Ela riu e tentou convencer-nos de que agora estava muito mais corajosa e de que era exatamente esse o seu desejo: ver-nos.

Naquele momento, ela estava deitada na cama. Seu companheiro, adormecido, descansava a seu lado. O quarto estava completamente escuro. Então, dissemos, "abra seus olhos e veja".

Ela se defrontou com algo que descreveu como vaga-lumes. Milhares deles. Pequenos pontos de luz brilhando em todo o cômodo. Em determinado momento, todas essas pequenas luzes se reuniram em um único canto do quarto, transformando-se em um raio de luz brilhante demais para que seus olhos conseguissem suportar. Em seguida, dispersamo-nos em sete ou oito menos fulgurantes fachos de luz, para depois voltar a ser milhares de pequenos pontos luminosos. Essa experiência visual de Esther deu-lhe uma clara perspectiva de nossa existência não-física. Ela concluiu, "vocês são energia", porque nos viu como luzes. "Vocês são muito móveis, flexíveis e livres", comentou, ao observar nossa habilidade de combinação em um só raio ou de nos separar em muitos pontos luminosos.

Embora Esther recebesse blocos de pensamentos de ABRAHAM, ela nos concebia como um único ser. Essa conclusão ganhou grande força em sua mente.

As palavras que você está lendo chegam, portanto, de seres continuamente focados em uma perspectiva não-física. Por isso, tentar explicar a vocês de onde viemos ou onde estamos não é relevante. Nós não perdemos tempo olhando para trás em direção ao passado, para tentar esclarecer quem somos agora, porque entendemos que nosso poder de criar está em nosso presente.

Assim, falaremos a você a partir de nosso constante "estado de ser". Nós somos livres, felizes e expansivos seres — com muita ênfase no estado de liberdade — e é justamente em razão dessa liberdade que escolhemos ser felizes e expansivos. *Nós não somos diferentes de você, ou de qualquer outro ser do Universo, em relação à liberdade, porque todos nós somos absolutamente livres. Muitos, porém, não entendem nem sequer consideram essa liberdade, e assim não a vivenciam. A liberdade não é algo que se ganha ou a que sejamos obrigados, mas algo que reconhecemos.*

A partir de nossas experiências individuais e coletivas, chegamos a muitas conclusões. Nós preferimos a felicidade à dor. Preferimos o crescimento à estagnação. Preferimos a liberdade ao confinamento e à manipulação. Depois de uma vasta experiência nós entendemos a verdadeira natureza de nossos seres, e compreendemos que cada coisa que nós somos acrescenta muito à maravilha de Tudo-O-Que-Existe.

NÓS SABEMOS QUE NÃO HÁ FIM PARA O CRESCIMENTO E QUE TODOS NÓS EXISTIMOS DE MANEIRA ETERNA. A felicidade ou a dor, o crescimento ou a estagnação, a liberdade ou o confinamento, seja qual for o estado em que cada um esteja neste momento, é conseqüência de nossa decisão individual, e esse conhecimento nos provoca extrema satisfação. E, com essa perspectiva, como ABRAHAM, nós continuamente escolhemos liberdade, crescimento e felicidade.

A partir de nossa experiência ou perspectiva — ou estado de ser: livres em crescimento e felicidade — dirigimos nossa energia, ou atenção, até sua dimensão física. Quando observamos sua terra, somos capazes de identificar cidades, lares, experiências individuais, cada detalhe está a nossa disposição. Mas preferimos focar nossa atenção no seu "estado de ser", porque aí se concentra mais informação pertinente do que em detalhes físicos que rodeiam vocês. De fato, há muitas coisas maravilhosas a explorar e experimentar em sua natureza física, e nós sabemos perfeitamente que há beleza e encantamento em seu mundo físico. *Tudo-O-Que-Existe em seu mundo físico tem um único propósito, ou seja, expandir seu "estado de ser".*

Como mestres que procuram conhecimento, iluminação e felicidade, nós estamos próximos daqueles que buscam exatamente isso. Vocês são como ímãs poderosos que atraem em sua direção o que procuram e pedem ou aquilo em que mantêm sua atenção focada. Nós não podemos chegar a vocês e nos apresentar se não estiverem procurando o que somos — porque pela poderosa Lei da Atração só chega a você o que você quer, e, como a água e o óleo não se misturam, o mesmo acontece com diferentes intenções, perspectivas e crenças.

Como seres físicos, vocês identificam fronteiras e limites em sua realidade, mas, a partir de nossa perspectiva, não há fronteiras nem limites. Não existe nenhum guardião em nosso acesso ao estado de ser glorioso, monitorando, avaliando e decidindo quem entra ou sai, porque a reunião de seres é um processo natural de atração. *Aqueles que não estão continuamente querendo ou procurando aquilo sobre o que estamos focados simplesmente existem em outro estado de ser.*

Dimensões físicas ou não-físicas estão intrincadamente entrelaçadas e não podem ser separadas. A vida física, como vocês conhecem, não pode existir sem a dimensão não-física, a energia, o suporte e o conhecimento. A terra física é um produto da atenção e da sabedoria da dimensão não-física.

Seres humanos em estado físico têm interagido com seres não-físicos desde que a humanidade existe, e suas experiências variaram muito, da mesma forma que se alteraram, continuamente, suas perspectivas e expectativas. De fato, o contato entre físicos e não-físicos não tem nada de novo, assim não estamos aqui para falar de contos de encontros com fantasmas, acontecimentos inexplicáveis e revelações divinas, de resto abundantes em seus arquivos físicos. *Os seres humanos físicos têm recebido inspiração, intuição e também clara comunicação a respeito do que não estava, a princípio, disponível em sua mente consciente.*

ENTENDIMENTO ABSOLUTO DAS LEIS DO UNIVERSO

Apenas considerando as experiências *físicas* constatadas sobre o seu planeta, não seria possível registrar, explicar e entender as relações que determinada experiência observada em certa parte do mundo tem com outra, em diferente região. Se vocês tentarem considerar, digerir, anotar e traçar comparações entre todos os encontros *não-físicos* que já aconteceram e ainda ocorrem, logo descobrirão que essa é uma tarefa impossível.

Há muitos relatos sobre encontros e interações entre os seres físicos e a dimensão não-física e muito tem sido escrito e falado a respeito. Isso tem suscitado muita confusão e ceticismo. A confusão existe, em grande parte, por causa da comparação de uma série de detalhes conflitantes que os seres humanos tentam explicar ou reunir em uma série de conclusões. *Como seres físicos, que dependem quase inteiramente de evidências físicas para sustentar suas crenças, vocês se encontram em uma posição desconfortável ao explorar a área não-física, aparentemente desprovida da qualquer evidência física.*

Em vez de tentar entender as experiências alheias ou de procurar desembaraçar o intrincado e imenso emaranhado de experiências a partir da perspectiva de todos os outros — NÓS

ENCORAJAMOS VOCÊ A CONCENTRAR A ATENÇÃO EM SUAS PRÓPRIAS EXPERIÊNCIAS DE VIDA, PORQUE NO CONTEXTO EM QUE VOCÊ ESTÁ VIVENDO É QUE SE ENCONTRA O FIO CONDUTOR DE CONSISTÊNCIA PERFEITA.

Observando sua própria vida, você chegará a um entendimento absoluto das Leis do Universo. Você não pode, mesmo à custa de muito esforço e dispêndio de tempo, ver pelos olhos de outra pessoa. Da mesma forma, não pode concluir nada para alguém. Mas, no processo de auto-avaliação, ao considerar tudo o que lhe toca particularmente, terá absoluta visão sobre tudo o que se relaciona a você, no Universo.

Enquanto estamos escrevendo este livro a partir de nossa experiência não-física, não somos diferentes de você, enquanto lê em sua perspectiva física, porque nós todos estamos muito vivos. Física ou não fisicamente focados, somos, a partir de nosso presente e escolhido formato, buscadores de experiência, estimulação e crescimento.

A partir de nossa perspectiva não-física, nosso foco pode facilmente ser estendido para incluir um claro conhecimento a respeito de sua experiência física, enquanto a partir de sua dimensão física é muito mais difícil fazer o processo inverso. Realmente, temos uma perspectiva mais ampla. E justamente a partir dela nós podemos ter, melhor que vocês, uma clara visão a respeito de quem vocês são e por que estão focados em seus corpos físicos e nesta dimensão.

Nós continuamos a observar sua experiência à procura de expressões claras, usando suas próprias palavras, para alargar o entendimento de quem vocês são. Mas existe um lapso de comunicação, especialmente quando tentamos explicar nosso estado de existência de maneira que faça sentido para vocês. Tentamos, continuamente, tecer metáforas e histórias para ajudá-los a ter lampejos dos seres não-físicos, até porque seres físicos são extensões da realidade não-física. Não apenas suas raízes existem aqui, mas o verdadeiro âmago de sua presente existência física está nesta dimensão não-física. E por isso nós resistimos a fazer uso de contos de fada ao oferecer exemplos ou analogias nesta proposta de comunicação.

Não podemos dizer, literalmente, o que é a nossa experiência não-física, porque, a partir de seus olhos, vocês não têm base para entender isso. Nossa grande contribuição é oferecer, a vocês, Princípios e Leis que podem entender e aplicar. Embora não possamos deixar bem claro o que ocorre na nossa dimensão, nós realmente temos capacidade de oferecer transparente entendimento para coisas que você está vivenciando a partir de sua dimensão física.

Assim, uma vez concluída esta introdução, para dar a vocês, leitores, alguma idéia a respeito de quem somos e por que estamos interagindo, *nós vamos oferecer uma série de subsídios para que saibam por que estão nesta dimensão. E, também, como podem alcançar tudo o que desejam, a partir de um claro entendimento das infinitas e eternas Leis que existem em todas as dimensões.*

Desejamos ajudá-los a expandir seu senso de poder agora mesmo. Para que vocês se vejam como nós os percebemos, no limiar de seu magnífico futuro. Desejamos renovar com vocês aquele maravilhoso senso de aventura que sentiram quando nasceram neste extraordinário corpo físico, antecipando o que desejaram antes de chegar à Terra. Certamente quando cada um de vocês veio à luz, reconheceu outro NOVO COMEÇO.

Capítulo 2

Sua parte nesta magnífica co-criação

CADA PARTE DO SEU MUNDO FÍSICO É, E SEMPRE FOI, SUPORTADA PELO QUE É NÃO-FÍSICO. Mesmo a energia originada em sua existência física é focada a partir da dimensão não-física. Esta é a origem do pensamento estendido, ou energia, que sustenta seu mundo físico. Seus corpos são compostos de material de seu plano físico, e a força vital, ou energia, que mantém vocês — a mesma energia que faz toda a diferença quando um médico define que alguém está vivo ou morto — deriva da dimensão não-física. Não é possível separar o seu mundo nem seus corpos da dimensão não-física, porque ambas estão eternamente interconectadas.

A partir do momento em que os seres humanos surgiram sobre o planeta, seu entendimento, aceitação e deliberada interação com a realidade não-física sofreu contínua e variadíssima mudança. Para tentar mesmo uma vaga recapitulação das crenças humanas a respeito de suas relações com o universo não-físico seria necessário uma série de volumes iguais a este. Assim, vamos limitar nossa discussão primariamente à visão atual que os seres humanos têm sobre o tema.

Queremos, intensamente, ajudar vocês a colocar a dimensão não-física em uma clara perspectiva, porque sabemos que um entendimento básico das relações entre as dimensões físicas e não-físicas é essencial para uma experiência física satisfatória. Enquanto a realidade não-física permanecer além, em algum lugar, grande, vago, misterioso e incompreensível, qualquer interação deliberada com real significado será impossível. Muitos seres físicos, no passado ou no presente, não encontraram seu lugar neste vasto Universo. Vocês não entendem quem são ou por que estão na forma física neste momento. Também não entendem sua relação com o próprio planeta ou o que está ao redor dele. Da mesma forma, desconhecem por que existem ou o que têm que fazer nesta existência. E muitos de vocês, mergulhados nessa confusão, elaboram poucos objetivos. *Muitos seres físicos são como pequenas rolhas de cortiça flutuando à deriva num vasto oceano, movidas por fortes correntes, uma vez ou outra submersas por uma onda maior, para emergir adiante, aguardando com muito medo a possibilidade de aparecimento de outra onda imensa. Não com intenção deliberada, mas apenas com muita precaução.*

Enquanto muitos acreditam que existiram de alguma outra forma antes desta física, e outros crêem ou esperam que havia algo anterior a esta experiência, a maioria tem, no máximo, apenas pequenos lampejos ou peças do quadro total. Muito do desconhecimento advém de sua preocupação com a morte. Vocês pensam tanto em termos de estarem vivos ou mortos que perdem, talvez, o melhor aspecto de tudo: *NÃO EXISTE MORTE! EXISTE APENAS VIDA! ETERNA, CONTÍNUA VIDA!*

Nós ouvimos alguns de vocês falarem sobre experiências de vidas passadas, às vezes explicando com muitos detalhes quem foram na última delas e até em anteriores. Inclusive com uma visão bastante cronológica. Muitas das informações que vocês obtiveram são absolutamente exatas, mas há uma falta de entendimento comum que permanece no caminho da aceitação de quem vocês realmente são. Ou seja, a idéia de que nasceram num corpo físico e portanto são seres físicos e depois vão morrer, ressurgindo-se não-físicos, para em seguida nascer em outro corpo, tornando-se físicos, de novo. Eternamente em um vaivém entre ambas as dimensões. Não é exatamente assim.

Agora mesmo, no exato momento em que estão vivendo sua experiência física nesses corpos, há outras partes de vocês que existem em dimensão não-física — seres homólogos não-físicos, mais velhos, mais sábios, com uma perspectiva muito mais profunda do que vocês podem ter a partir de sua perspectiva atual. Palavras como "alma" ou "alter ego" têm sido usadas para descrever essa sua parte não-física. Nós preferimos as palavras "ser interior".

Seu ser interior existe como resultado de todas as vidas e experiências, físicas ou não-físicas, que você viveu. E continua a se beneficiar e evoluir a partir de todas as experiências que você tem no presente.

Essa idéia de ser físico e não-físico ao mesmo tempo é também um conceito difícil de aceitar. Não é incomum que nossos amigos físicos nos perguntem: "ABRAHAM, você alguma vez foi físico?" ou "ABRAHAM, por que você escolheu não ser físico?", revelando a crença de que é preciso ser de uma maneira ou de outra.

Nós somos um grupo de seres não-físicos correspondentes a muitos de vocês, que atualmente são físicos. E todos os que agora estão em corpos físicos têm contrapartes não-físicas infinita e intrinsecamente conscientes dessa correspondência. Novamente, nós denominamos essa contraparte seu ser interior.

Muitos seres físicos questionam por que não têm o benefício da lembrança a respeito de vidas físicas anteriores, às vezes até manifestando ressentimento pelo fato de ter de reaprender tudo novamente. Alguns trabalham duramente para trazer à superfície algumas dessas experiências, esperando que assim encontrarão algum conhecimento poderoso que esqueceram e que, de maneira mágica, haverá de transformar sua vida atual em uma experiência mais cheia de significado e produtividade. Mas não é necessário vasculhar vidas passadas para receber o benefício de toda a experiência acumulada, porque vocês nunca estiveram separados ou desconectados do seu ser interior, que é depositário de toda informação.

A partir de sua perspectiva não-física anterior ao seu nascimento nesse corpo físico, vocês estão conscientes de que fizeram um acordo para não recordar detalhes do que vivenciaram antes. Simplesmente porque causariam muita confusão. Ao assumir este formato, vocês decidiram manter o foco especificamente nos detalhes deste tempo e lugar. Viram nessa experiência física uma oportunidade para ir a um espaço e um tempo diferentes, para interagir com seres que, por sua vez, têm distintas intenções. Ou seja, aqui estão porque vislumbraram nisso a possibilidade de ser estimulados por novos pensamentos e experiências.

CADA COMBINAÇÃO DE MENTES OU DE PENSAMENTOS CONTRIBUI PARA EXPANDIR AINDA MAIS O UNIVERSO, OU SEJA, AGREGA. Cada tempo que vocês interagem uns com os outros, a combinação entre cada relacionamento aos pares, contribui de forma única para o Universo, porque cada um de vocês carrega diferentes intenções e expectativas. O conhecimento de cada um de vocês é distinto. E todos esses fatores envolvidos se combinam de maneira absolutamente particular.

No momento em que segura este livro em suas mãos, lendo as palavras e respondendo, intelectual e emocionalmente, são oferecidas contribuições únicas ao Universo, porque ninguém mais, além dessa específica criatura que é você, teria a mesma reação.

Quando vocês tomaram a decisão de nascer nesse corpo físico, estavam muito conscientes de que essa experiência os colocaria no centro da criação. Vocês exultaram, antecipadamente, com esse envolvimento físico, porque sabiam que isso teria grande valor para Tudo-O-Que-Existe. *A partir de sua perspectiva pré-natal, nessa forma, você sabia perfeitamente que viveria na terra não para provar algo a si ou ganhar uma grande recompensa, mas para participar de uma perspectiva única — a proposta de acrescentar ainda mais luminosidade ao Universo.*

Essa antecipada exultação foi compartilhada com muitos velhos amigos, às vezes durante o planejamento de detalhes sobre seu encontro físico. E essa necessidade de interação, conforme você também sabia, tem grande valor.

Alguns argumentam: "Mas, ABRAHAM, que valor pode existir em viver uma vida física, lutando e tentando aprender neste plano, se na próxima vinda não poderei lembrar de nada disso? Qual é o propósito para esse trabalho pesado e para o próprio crescimento?".

Não se preocupe. Sua experiência, seu trabalho pesado, seu crescimento — nada, enfim, será em vão, porque tudo estará concentrado em seu ser interior. Além disso, essa experiência você mesmo pode avaliar! É mensurável na forma de um guia que está em permanente contato com você! Desde o momento em que desperta, acompanha-o em cada hora do dia! De fato, esse Sistema Indicador é supremo.

Não é necessário que lembre tudo, cada detalhe de suas vidas passadas porque você tem acesso às conclusões importantes de tudo o que resultou de suas experiências. Por isso, não há por que concentrar-se no que houve em vidas passadas. Há, sim, imenso valor em ser integralmente o que você é agora, no presente, o que por sua vez concentra tudo o que houve antes. Você tem esse guia para ajudar nas escolhas e decisões, a cada momento de sua vida atual.

Apesar do tipo de entretenimento que possa gerar, tentar reviver ou gastar tempo a recordar vidas passadas não tem um real propósito. MAS O QUE TEM VALOR, MESMO, É MANTER UMA FORTE E CONSCIENTE CONEXÃO COM ESSA PARTE DE VOCÊ QUE AGORA REPRESENTA UM CONTEXTO ABSOLUTO DE TUDO O QUE FOI EXPERIMENTADO EM VIDAS PASSADAS. De fato, uma combinação do que você é, vê e conhece em estado físico, com o que tem de mais íntimo, profundo, ancestral e sábio de sua dimensão não-física, é o que concorre poderosamente para a expansão de ambos os mundos (ou dimensões).

Capítulo 3

O melhor de ambos os mundos

Seu ser interior é um espaço essencial para o começo de todo entendimento. Aceitar seu ser interior e a boa vontade para receber essa imensa e profunda perspectiva são iniciativas básicas para viver a feliz e expansiva experiência física que você veio vivenciar aqui. Enquanto não aceitar e utilizar sua ampla perspectiva, você permanecerá com muita limitação.

Neste mundo físico em que você está com o foco ajustado, muitos estão preocupados com "fazer". Você emergiu num mundo que é extremamente orientado para a ação, assim confere imenso valor ao fazer. Dessa maneira, muita gente fica se movimentando, fazendo isto ou aquilo, tão ocupada quanto seja possível todas as horas do dia, embora, mesmo assim, sinta frustração por conseguir realizar muito pouco.

Muitos anos antes de Esther fazer esta conexão consciente com ABRAHAM, ela trabalhava como facilitadora para aqueles considerados mentalmente doentes. Uma manhã, enquanto fazia sua usual caminhada pelos jardins do hospital, observou alguns pacientes que, com equipamentos imensos, movimentavam pilhas de sujeira. No primeiro dia, eles levavam esse lixo de um canto do terreno a outro. No dia seguinte, deslocavam a mesma pilha para outro canto. E no terceiro dia, moviam o mesmo lixo para o ponto original. Então, Esther perguntou a um dos enfermeiros: "O que eles estão fazendo?".

A resposta: "Ah, na verdade nada. Nós apenas os mantemos ocupados. Damos a eles alguma coisa o que fazer".

Esther ficou ali estupefata com uma sensação de vazio e tristeza, e então retrucou: "Com certeza, deve haver algo mais em suas vidas além de movimentar lixo por aí".

Anos depois ela nos relatou essa história. E nós lhe dissemos: "Esther, nós não queremos ferir seus sentimentos, mas a maioria das pessoas que estão em forma física gasta grande parte de sua vida justamente movendo lixo de um lugar para o outro". Porque não entendem as grandes leis responsáveis por todo o conhecimento e expansão, muitos de vocês tentam acalmar-se entregando-se a um vaivém contínuo, simplesmente movimentando coisas ao seu redor. Com freqüência, sua atividade e seu trabalho pesado são um tipo de justificativa para estar aqui no planeta. Como vocês estão trabalhando, agindo, fazendo, muitos estão criando "de maneira retrógrada", de acordo com nossa particular concepção. Sempre querendo agir, acreditando que todas as coisas que acontecem são produto de sua ação.

Sem a imensa perspectiva oferecida pela dimensão interior, o que acontece é uma experiência bastante limitada — porque há muitos limites quando você fica com o foco apenas no "fazer" ou na "ação". Mas, se permitir que a perspectiva ampla se mescle com sua perspectiva física, pode literalmente acessar o Poder do Universo para ajudar você na criação física. Muitos dos que são considerados gênios ou mestres em suas realizações em diversos campos, como a música, a arte ou a ciência, foram seres físicos iguais a você, mas que se permitiram acessar um conhecimento mais amplo. Eles simplesmente abriram a porta para seu próprio conhecimento interno. Literalmente, exploraram sua Infinita Inteligência, extraindo daí os detalhes específicos de seus desejos. Eles costumam ser deixados numa camada à parte reverenciados como seres especiais, e no entanto são iguais a você. O que os faz "diferentes" é apenas o reconhecimento de sua conexão com Tudo-O-Que-Existe.

Quando nós observamos seu mundo físico, vimos que muitos de vocês, na sua urgência por "fazer", são muito ocupados. Existe uma espécie de frenesi para "fazer", mas isenta de felicidade. Muitos estão deliberadamente "sacrificando" sua felicidade em nome do crescimento ou à espera de recompensa. Outros, na verdade, querem sentir felicidade, ou esperam por isso, mas só conseguem satisfação eventual, um pouco aqui, um pouco ali.

Freqüentemente, você está procurando obter satisfação em algum momento do futuro. Algo assim como o fim de semana, as férias, ou mesmo a aposentadoria. "Se ao menos tivesse mais dinheiro, eu seria feliz." "Quando eu encontrar minha alma gêmea, então serei feliz." "Quando eu encontrar o trabalho perfeito, serei feliz." *Muitos procuram localizar o prazer no futuro, mas vivenciam um mínimo de satisfação no presente. Porém é* AGORA *que acontece a sua experiência de vida.*

Por isso agora estamos interagindo com você em sua forma física e essa é a razão pela qual escrevemos este livro: *NOSSA INTENÇÃO PRIORITÁRIA É AJUDÁ-LO A ENTENDER QUEM VOCÊ É E POR QUE ESTÁ AQUI NESTE CORPO FÍSICO, A PARTIR DE SUA PERSPECTIVA EVOLUTIVA — E TAMBÉM PARA AJUDAR VOCÊ A RECONHECER E UTILIZAR O PROCESSO E AS LEIS PELOS QUAIS PODE ENCONTRAR A FELICIDADE, AGORA. Não uma fugaz e futura felicidade, mas uma tangível, sempre presente, constante e contínua experiência de evolução maravilhosa.*

Cada um de vocês é muito mais do que imagina em sua física perspectiva, porque estão vivenciando, aprendendo e adquirindo sabedoria por muito mais tempo do que aquele limitado aos seus anos físicos. Vocês escolheram deliberadamente fazer parte deste tempo e lugar porque lhes oferece oportunidade para pensar e criar. Você tem grandes recursos de conhecimento e força, mas a maioria dos seres humanos não usa esses recursos. Não por falta de querer, mas por não saber como fazê-lo, por não reconhecer que eles existem.

Tão logo você chegou a essa forma e lugar, já se integrou a tudo que havia ao redor, mas à mercê da influência poderosa de tudo e todos com os quais faz contato, e essa influência é resistente a tudo que não pode ser explicado em termos físicos.

Na verdade, nada que existe neste plano pode ser explicado *APENAS* por meio de termos físicos, mas tudo que não compreende você expõe a um tipo de lógica e o resultado disso é que grande parte do que você vive, trabalha e vê é alvo de preconceito. É como fazer parte de um jogo em que as regras não estão claramente definidas, e, até que você entenda como ele realmente funciona, é incapaz de sentir grande satisfação nisso.

Aqui estão alguns exemplos de seus maiores preconceitos.

"Eu faço coisas acontecer a partir de muito esforço e estresse."

"Sofrimento e trabalho duro são os grandes ingredientes da realização."

"Quanto mais tempo expuser meu corpo em grandes lutas, mais efetivo será o triunfo."

"A ação física é o que faz as coisas acontecerem..."

Ao trabalhar com essas concepções você não apenas estará em desvantagem e com grande limitação, mas também maior será a tendência ao fracasso e ao cansaço. Depois de anos de trabalho, sem grandes trunfos, muitos param de tentar, resignam-se a conviver com um corpo exausto e abandonam seus sonhos. Procuram também confirmar essa tendência com exemplos semelhantes para justificar sua própria falência.

Para muitos apenas a juventude é promissora, mas sua esperança tem vida curta por causa da influência e pressão dos que vieram antes.

Você descobrirá, ao ler este livro, como são claras e simples as regras do jogo para que encontre sua felicidade.

Deliberadamente, estamos sendo repetitivos na ênfase a certos aspectos, e assim será no decorrer de todos os temas que vamos analisar, justamente para que você compreenda a extensão imensa de seu ser. Nossa primeira intenção é ajudá-lo a entender que sua experiência não começou com seu nascimento físico. Enquanto não se dispuser a absorver esse conhecimento, ou ao menos ter esse desejo, muito do que oferecemos não vai beneficiar você.

A conexão entre seu ser físico e seu antigo ser não-físico é o elo perdido que muitos tentam entender. E essa é a chave para que você viva uma existência extraordinária e produtiva, justamente aquela imaginada antes de seu nascimento.

Antes de emergir neste corpo, você entendia o poder de influência que existe no mundo físico, porque lembrava com clareza suas outras experiências físicas, e voltou à realidade física justamente para equilibrar essas influências.

Mais adiante, você encontrará instruções detalhadas para ajudar a abrir a passagem — consciente e deliberada — entre as dimensões física e não-física. Essa ponte é tão clara que a comunicação consciente pode ser oferecida em qualquer sentido entre essas dimensões. Esse processo assistirá você no alinhamento de suas energias para construir a base dessa comunicação — e quando o alinhamento se completar, ambas as dimensões se beneficiarão.

Ao assistir você na abertura da porta para a dimensão não-física não temos, com certeza, a intenção de distrair você de seu lado físico, mas justamente de trazer clareza, força e grande propósito para sua existência física. Sabemos perfeitamente que, enquanto não fizer a conexão entre seu mundo físico e seu ser interior, você não pode satisfazer os propósitos que carrega desde que veio a este corpo físico.

Embora existam muitas experiências satisfatórias na participação nesta dimensão física, não há nada mais extraordinário do que tomar decisões equilibradas com suas intenções mais profundas.

Como sua experiência física é ancorada pela realidade não-física, não pode haver separação entre seu corpo físico e seu ser interior. Desde o dia em que nasceu, para esta existência, está interagindo com seu ser interior. Você não vivenciou nada diferente. Seu ser interior faz parte de você, mesmo que não tome conhecimento disso, da mesma forma que o mundo interior é uma parte do mundo físico, mesmo que não veja isso.

Enquanto insistir em ter evidências físicas para confirmar tudo que aceita como real, você perde a maior parte de sua experiência e permanece em estreitos limites em relação ao que pode fazer e explicar. Mas se você aceita a existência do mundo interior — e lembra sua relação pessoal com esse mundo e com seu ser interior —, começará a vivenciar a plenitude dessa experiência de vida física.

Esther desceu para abrir o portão para seu marido, que estava chegando com o carro, e enquanto estava ali esperando observou que o céu estava mais bonito do que ela jamais havia visto, com cores mais vivas e diferentes das usuais. Ela podia ouvir os sons muito claros, de pássaros que pareciam estar muito longe. Havia raras fragrâncias no ar e eram deliciosas, da mesma forma que maravilhosa a brisa que sentia sobre a pele. E ela ficou ali com lágrimas nos olhos e disse: "Certamente nunca houve uma experiência física tão deliciosa em todo o Universo". E então com uma súbita compreensão ela concluiu: "ABRAHAM, é você, não é?"

Nós sorrimos abertamente a partir dos lábios dela, porque ela nos captou olhando pelos olhos, ouvindo por meio dos ouvidos, sentindo pelo nariz e pela pele. De fato, nós estávamos apreciando a delícia de seu mundo físico a partir do corpo de Esther.

Nós queremos que você entenda esta importante questão, que é a interação e o alinhamento com seu ser interior.

Pela consciência de Esther e sua deliberada escolha de pensamentos, ela se colocou num nível de vibração que permitiu a interação absoluta com ABRAHAM. Ela havia começado o dia com uma proposta muito clara:

"Hoje, não importa onde eu vá, o que faça, ou com quem interaja, minha intenção dominante é olhar para tudo que me faça sentir bem".

Apenas quando reconhecer e experimentar as sensações de força e conhecimento que são oferecidas por seu ser interior, você poderá vivenciar sem limitações seu mundo físico. Apenas quando relembrar as Infinitas e Eternas Leis de Nosso Universo, estará criando deliberadamente aqui neste espaço físico. E, apenas quando fizer uma combinação consciente de seu lado físico e interior, chegará deliberadamente a sua natureza integral e realizará o que veio fazer neste corpo físico. Sem o reconhecimento e a realização dessa mescla, sua experiência será menos satisfatória e infinitamente pouco produtiva em relação ao potencial que tem.

COMO MESTRES, NÓS APRENDEMOS, HÁ MUITO TEMPO, QUE PALAVRAS NÃO ENSINAM. O CONHECIMENTO VEM COM A EXPERIÊNCIA DE VIDA.

Oferecemos nossas palavras, sabendo que elas ajudarão você a lembrar experiências passadas ou a prepará-lo para reconhecer com clareza as que estão prestes a chegar. Nenhum discurso tem mais valor que uma experiência em primeira mão. Nós poderemos escrever milhares de páginas, aqui, sobre a existência de seu ser interior e a possibilidade de comunicação aberta; no entanto, mesmo que você leia tudo com atenção, se não praticar os exercícios, não terá benefícios. Por isso nós vamos oferecer um processo de passo a passo para facilitar a passagem entre a consciência física e o seu ser interior — justamente para que você tenha essa experiência em primeira mão.

Assim, se está aceitando a existência de um mundo interior e de um ser interior e neste momento deseja uma comunicação completa e também quer vivenciar o reservatório de conhecimento, poder e clareza que existe para você, aqui está o processo.

É importante que você tenha o desejo de abrir essa passagem. É preciso que permita. É preciso que queira. E então tudo o que tem a fazer é reservar tempo para essa atividade.

EXERCÍCIO PARA ABRIR A PASSAGEM

Diariamente, dedique 15 a 20 minutos para sentar-se com a intenção de aquietar sua mente consciente. Não é preciso que bloqueie esse lapso de tempo sempre à mesma hora, mas sim que seja uma atitude diária, sem interrupções, porque esse é um trabalho progressivo.

Silencie sua mente sentando por esses minutos em algum lugar bem sossegado, sem pensar em nada. Não é uma coisa fácil de fazer porque seu mecanismo mental reage facilmente a qualquer estímulo, por isso é fundamental fazer o exercício diariamente, com intenção deliberada.

Muita gente pergunta, diante dessa proposta: "Como posso manter minha mente quieta, sem dormir?".

É uma boa e importante questão. Justamente porque se você cair no sono não permitirá que o processo flua. Se fizéssemos um gráfico, em uma folha de papel, nós mostraríamos o estágio de plena consciência em um dos extremos de uma linha, enquanto no oposto estaria o sono. Queremos que permaneça em um estágio próximo do sono, em que você ainda deseja manter-se desperto. Às vezes ajuda bastante focar algo que requeira pouco pensamento consciente, como o som de água pingando ou a visão da luz tênue de uma vela. É interessante, também, concentrar-se na própria respiração.

Seu primeiro objetivo, na deliberada abertura da passagem entre o físico e o não-físico, é conscientemente retirar os pensamentos da realidade física. Permita-se momentos de recolhimento. Sente-se, em quietude e permanente conexão com o mundo não-físico. Somente quando a percepção externa do mundo físico for cancelada você pode despertar para a sutileza do não-físico. Por isso, não vai ajudar em nada se você tentar ver, sentir ou ouvir o que está ao redor, durante essa prática. Seu objetivo é simples e único: "Eu estou aqui com a intenção de calar minha mente".

Quando você conseguir isso, mesmo que seja por poucos segundos, seu corpo físico parecerá diferente. Sentirá algo como uma sensação de leveza ou uma ligeira tontura. Esther descrevia isso como uma incapacidade de distinguir separadamente cada parte de seu corpo, como o nariz do pé (por exemplo), porque tudo parecia unido e indissociável.

Essa tontura ou leveza é uma indicação de que você teve completo sucesso no intento de aquietar seu mecanismo mental e de que, nesse estágio, tem capacidade plena de alinhar suas energias. O primeiro objetivo foi cumprido e agora seu ser interior está em posição para fazer o trabalho que lhe cabe. Quando você se senta em absoluto estado de permissão, seu ser interior começa a alinhar suas energias, mesclando as rápidas e altas freqüências de energia do mundo interior com as lentas e baixas do mundo físico. Durante esse processo você não tem nada a fazer, senão permanecer na posição em que está e com a mente quieta. Se você tentar se envolver ativamente, perderá aquele estado de tontura e vai interferir no trabalho de seu ser interior.

A cada dia, quando você completar o processo de aquietar a mente e permitir o alinhamento das energias, a mescla será ainda mais intensa e ampla. Eventualmente, poderá sentir outras sensações físicas, como alguns tiques musculares ou contrações da pele. São sinais ou evidências físicas do alinhamento de suas energias. Não dê atenção a essas sensações, senão dissipará a tontura. Continue no estágio de mente quieta.

Quando você fizer movimentos não deliberados — das mãos ou dos dedos, por exemplo —, seu alinhamento de energias foi suficientemente completado para que comece o processo de comunicação. Quando o seu corpo se desloca independentemente de sua intenção, entenda que esse movimento está sendo produzido por seu ser interior, de uma perspectiva não-física, e que você é a criatura física receptora desse impulso ou intenção. No momento em que isso ocorre, a transmissão consciente e a recepção de blocos de pensamentos de sua parte não-física se completaram, com sucesso.

O período de tempo que passou desde sua primeira decisão de aquietar a mente até o início desses movimentos varia de pessoa para pessoa. Os fatores que interferem no resultado são:

- Seu nível de desejo desse processo de alinhamento. Você está realmente querendo interagir com sua contraparte não-física ou está manifestando esse querer ao mesmo tempo que envia mensagens contraditórias de relutância? Se o desejo é genuíno e não sabotado por pensamentos ou receios a respeito, seu processo de alinhamento será bem rápido. Quanto melhor você se sentir, nessa prática, mais rápido será o andamento.
- O ímpeto por trás de seu desejo. Você procura essa interação de uma positiva posição ou o que permanece subjacente é uma expectativa negativa? Você procura essa interação com o intuito de vivenciar mais liberdade, mais crescimento e mais felicidade, ou espera que

seu ser interior intervenha e resolva as coisas que estão atrapalhadas em sua vida? Novamente, quanto melhor se sentir, mais rápido será o processo.

- Sua boa vontade para permitir esse alinhamento. Você tem sido capaz de aquietar a mente até sentir uma ligeira tontura por um ou dois minutos, cada vez que faz a prática ou sua mente continua a manifestar-se, todo o tempo? Se está tendo dificuldade para aquietar a mente, tente fazer essa prática no princípio do dia, antes de começar a receber muitos estímulos mentais.

Não existe um período de tempo fixo, em média, para que se realize a abertura da passagem. Varia muito. Mas pode ser bem rápido, a depender de sua mais profunda intenção a respeito.

O alinhamento de energias é processo extremamente técnico e não pode ser realizado a partir de sua perspectiva física. Você não pode começar a identificar os pontos de energia com seu aparelho físico, porque há milhares deles. Seu ser interior, porém, é totalmente atento para cada um desses pontos, e tem completo conhecimento do nível de vibração de cada um deles. Esse é um trabalho absolutamente da esfera de sua perspectiva interior — não da consciente —, a única capaz de realizar esse tipo de tarefa. Você pode confiar em seu ser interior. Ele é capaz de fazê-lo. Como já dissemos, enquanto ser físico, é simplesmente manifestar sua intenção a respeito desse alinhamento e colocar-se na posição de permitir que aconteça.

O alinhamento de energias é algo em curso, e você não conseguirá realizá-lo enquanto permanecer com o foco em seu organismo físico.

Somente quando você morre, para usar seus próprios termos, ou consegue sair de seu foco físico e re-emerge no não-físico, de acordo com a nossa expressão, terá sido realizada a completa mescla com as energias não-físicas. Mas é possível, rapidamente, conseguir uma combinação para expandir muito sua experiência física.

Capítulo 4

Comunicação com o mundo interior

Quando você conscientemente toma conhecimento de que seu corpo físico recebe o impulso para mover-se, e sabe perfeitamente que essa estimulação não veio de uma intenção consciente, tem noção de que o alinhamento de energias foi completado, e que pode, se desejar, começar a receber conscientemente profunda comunicação de seu ser interior. Você já recebeu essa comunicação, porque o bloco de pensamentos, que resultou no movimento de seu corpo, foi transmitido pelo seu ser interior. E o seu organismo físico foi o receptor do impulso. Assim você ainda está recebendo comunicação. Se está realmente desejando isso, vivenciará uma grande evolução na capacidade de comunicar-se com seu mundo interior.

Você dedicou 15 a 20 minutos por dia à proposta de permitir o alinhamento de suas energias físicas e não-físicas, e permaneceu disponível à abertura da comunicação, o processo de alinhamento se completou integralmente. Como seu corpo se movimentou, agora suas energias estão alinhadas para a comunicação e agora você passa a ter um novo objetivo. Não é mais necessário sentar-se em quietude mental para fazê-lo.

A comunicação com nossos amigos não-físicos não é diferente com a interação dos nossos amigos físicos. A essa relação se aplicam os mesmos cuidados.

Será de grande valia ter uma idéia geral a respeito dos temas sobre os quais gostaria de conversar, porque você terá a sua disposição um imenso reservatório de conhecimento e reflexão. Da mesma forma que você não entra numa livraria e diz "oi, eu gostaria de um livro, por favor", é interessante escolher alguns tópicos para essa interação.

Quando Esther começou a falar conosco, ela freqüentemente procurava contato nas horas tardias da noite, quando estava deitada no quarto, ao lado de seu marido adormecido.

"ABRAHAM, fale comigo."

"Sobre o que você quer falar?"

"Ah, não sei, escolha qualquer coisa."

"Esther, vá dormir."

Como pode ver, você é a pessoa que atrai a experiência que deseja ter. Nós aprendemos que oferecer informação não pedida tem pouco valor. Quando você sabe o que quer, tem abertura para receber o que lhe é entregue.

Reserve um tempo para refletir, escolher, pensar sobre o que você deseja discutir com sua contraparte não-física, então apresente a questão para seu ser interior e ouça com a clara intenção de receber informação sobre esse determinado tema.

Quanto mais clareza tiver a respeito do que quer compreender, mais clara será a recepção da resposta.

Aquiete sua mente preparando-se para a comunicação, mas esteja sempre alerta para o que vai chegar a você.

COMUNICAÇÃO ENTRE PENSAMENTOS

Muitos acreditam que a comunicação ocorre apenas por meio de palavras e sons, mas na verdade essa é apenas uma pequena parte do diálogo que existe no Universo. Mesmo no mundo físico, muita comunicação ocorre de pensamento para pensamento, sem uso de palavras. *Para receber informação do seu mundo interior é necessário que você ouça com a mente, em vez de imaginar que virá algo por suas orelhas. E, como muitas coisas são novas, será necessário muita prática para fazer o devido ajuste.*

DE NOSSA PERSPECTIVA NÃO-FÍSICA NÃO FALAMOS COM PALAVRAS OU EXPRESSÕES. NÓS NÃO USAMOS A SUA LINGUAGEM. OFERECEMOS PUROS, UNIVERSAIS BLOCOS DE PENSAMENTO QUE SÃO COMPREENDIDOS POR TUDO-O-QUE-EXISTE.

Os seres humanos físicos, com freqüência e de maneira equivocada, entendem que palavras ou linguagens são necessárias para a comunicação. Suas crianças, quando ainda não falam, recebem claros blocos de pensamento de você. Embora elas não entendam os intrincados detalhes de sua comunicação, compreendem as bases mais importantes do que está acontecendo em sua vida. Elas captam seu estado de ser em cada momento de interação com elas. Seus animais não falam, mas eles também recebem seus blocos de pensamento e você também, em muitos casos, recebe blocos de pensamento deles.

Quando você apresenta uma questão para o seu ser interior, ele lhe oferece um puro bloco de pensamento. Você recebe isso num nível inconsciente e haverá uma tradução para algo que faça sentido. Isso pode acontecer na forma de uma revelação, ou de um impulso ou até mesmo de palavras.

O trabalho, nesse processo de desenvolvimento da comunicação com seu ser interior, será progressivamente mais claro e cada vez será mais fácil decifrar esses blocos de pensamento e traduzi-los para seus termos físicos.

Nos primeiros dias que interagíamos com Esther, o que lhe oferecíamos eram pequenos blocos de pensamento. A maioria deles podia ser traduzida em uma ou duas breves frases ou, apenas, simples "sim" ou "não".

O marido de Esther, Jerry, ofereceu questões bem claras e que eram muito importantes para ele, e pudemos responder com pequenos blocos de informação. Com o passar do tempo, à medida que Esther recebia mais e mais de nós, tornava-se cada vez mais apta a traduzir longos blocos de pensamento. Mesmo agora, às vezes ela leva alguns instantes para oferecer a nossos amigos físicos uma tradução do que lhe oferecemos.

Nos primeiros dias de deliberada e consciente comunicação com seu ser interior, a transmissão pode parecer tatibitate, como falam as crianças ainda em processo de aprendizagem, acompanhada de movimentos ou mesmo frases bem curtas. Mas, com o tempo e a prática intensiva, tudo fica mais claro e rápido.

Quando você se senta com a intenção de fazer perguntas e respostas, fique numa posição confortável e defina, claramente, suas intenções. Esther usualmente se senta por um minuto, mais ou menos, fazendo profundas respirações. Então ela diz: "Eu quero falar claramente suas palavras". É uma maneira de ela manifestar o seguinte desejo: "Eu ouvirei e receberei seus pensamentos para serem traduzidos com minha mente". É a maneira dela de definir que seus pensamentos conscientes não vão interferir com os que estiver recebendo de ABRAHAM. Esta tem sido uma definição de intenção muito clara, desde o princípio.

Quando você começar a receber comunicação de seu ser interior, talvez tenha dificuldade de separá-la dos seus próprios pensamentos conscientes, mas não tardará para que a distinção se torne muito óbvia.

Você perceberá, rapidamente, que os pensamentos que vêm de seu ser interior são pontuais e seguros, quase rítmicos, enquanto os seus próprios são mais esporádicos e soltos. Seu ser interior fará um bom trabalho permanecendo em um único tópico, enquanto os seus pensamentos pulam de um tema a outro.

Se tiver uma clara intenção de receber informação de seu ser interior, quando houver interferência de seus pensamentos você se sentirá muito desconfortável na recepção. Terá muita dúvida, ou estará num estado de agitação ou irritação. Não será uma experiência satisfatória. Quando receber comunicação, com claras intenções, diretamente de seu ser interior, o fluxo de pensamentos e a tradução em palavras serão seguros e a experiência, muito agradável. Finalmente, a relação de pensamentos do seu ser interior chegará de maneira muito simples e com certeza bastante clara para sua mente.

Abrir a passagem entre o mundo físico e o não-físico terá grande valor para você, porque lhe permitirá uma visão muito mais ampla e um claro guia para tudo o que fizer.

É importante ressaltar que o seu foco é eminentemente físico, e, é óbvio, sua perspectiva não-física também tem imenso valor, e que o conhecimento de uma dessas partes não diminui o valor da outra.

Quando reconhecer que sua experiência de vida física é uma continuação de você, colocando-se na maravilhosa posição de ser quem realmente é, então estará na posição de desejar muito reconectar-se com seu estado interior de ser. Fazendo isso, tudo o que você vivenciar a partir dos olhos físicos será expandido.

Há muito preconceito que afeta a interação entre as realidades física e não-física. Os seres humanos físicos foram convencidos por longas linhas de pensamento herdado de que são indignos desse contato. É uma parte do mundo físico a ser testada, para que o ser humano prove ser digno de alguma recompensa a ser outorgada mais tarde. Os seres físicos pensam que aquilo que entendem como não-físico é digno, perfeito e completo, e agora eles estão trabalhando duro para captar isso. Assim, freqüentemente, quando fazem algum contato não-físico, humildemente esperam grandes palavras de sabedoria que lhes serão lançadas das alturas.

Normalmente os seres físicos, de maneira equivocada, acreditam que todos os seres que estão na dimensão não-física são muito mais sábios e antigos do que os que estão focados na realidade física. Mas certamente não é esse o caso. Os seres da dimensão não-física carregam uma variedade imensa de intenções, desejos, crenças, expectativas, capacidades e atitudes.

Há um vasto conhecimento acumulado e compartilhado por aqueles que estão no mundo não-físico, mas muito disso não pode ser entendido ou utilizado pelos que têm uma visão física. Mas, mesmo assim, os que procuram a mescla entre ambas as dimensões obterão uma maravilhosa resposta.

Palavras não ensinam; como já dissemos, o conhecimento vem da experiência de vida. Mas, enquanto você vive a experiência física, seu ser interior pode oferecer grandes lampejos de orientação que certamente expandem e enriquecem a sua vivência.

O alinhamento de suas energias física e não-física proporciona muito mais do que abertura da passagem entre ambas as dimensões, pela possibilidade de apresentação de perguntas e obtenção de respostas. Esse alinhamento ajuda-o a estar mais consciente de seu Sistema de Orientação, que é supremo. Embora seja muito agradável ter comunicação com o propósito de satisfazer questões importantes, ou por mera curiosidade, esta ponte que você completou vai lhe oferecer muito, muito mais.

Essa abertura ou alinhamento, ou, ainda, mescla de energias, coloca-o na posição de ser, fazer e ter tudo o que você quer que faça parte de sua vivência física. Assim, finalmente está na posição que definiu para si no momento em que assumiu este corpo físico.

Você disse: "Eu vou para essa maravilhosa dimensão física e vou me familiarizar com esse período de tempo e espaço. E, então, permitirei que da profundidade do meu ser eu ofereça iluminação para magnificar Tudo-O-Que-Existe".

Capítulo 5

Usando efetivamente seu sistema de orientação

Seu ser interior pode oferecer informação que pode ajudar você a ter algumas lembranças do que já viveu, mas a comunicação mais valiosa será diária, para que tenha pleno conhecimento de seu presente. Avaliar o passado não fornece muito poder ou felicidade, mas há grande potencial nesse aspecto quando você pensa clara e deliberadamente a respeito do agora.

Nós lhe oferecemos o processo de alinhamento de suas energias físicas e não-físicas por muitas razões:

- Esse alinhamento expande a experiência tanto da perspectiva física quanto da não-física.
- Esse alinhamento oferece a você suporte para que tenha clareza de intenções a respeito do que veio fazer quando emergiu neste corpo físico.
- Esse alinhamento coloca você numa posição de poder se comunicar conscientemente com sua mais profunda perspectiva interior.

- Seu alinhamento de energias, e consciente conhecimento de seu ser interior, oferece muito mais que um canal para perguntas e respostas. Agora você tem acesso a um guia preciso para ajudá-lo em cada momento de seu dia. Cada idéia que você observa, cada decisão que toma, agora pode ser expandida por esse conhecimento profundo.

Seu ser interior pode oferecer blocos de pensamento para o seu ser físico. Blocos de pensamento que você pode traduzir de formas muito diferentes. O bloco de pensamento pode ser traduzido como um impulso para agir ou para falar ou, ainda, como uma sensação física recebida por seu corpo.

Seu ser interior tem-lhe oferecido essa comunicação desde o dia em que você nasceu neste corpo, embora muitos não estavam despertos para isso. *CADA EMOÇÃO QUE VOCÊ SENTE É COMUNICAÇÃO LITERAL OFERECIDA POR SEU SER INTERIOR.* Porque seu ser interior tem acesso a todos os pontos de energia através de seu organismo, muitas sensações físicas podem se manifestar no corpo justamente por seu ser interior não-físico.

Da mesma forma que você tem sensores sensíveis na ponta dos dedos, para protegê-los de objetos pontiagudos ou muito quentes, seu ser interior oferece sensações ou emoções para orientar você. O desconforto da dor nas pontas dos dedos previne-o de se expor a uma queimadura, por exemplo, e da mesma forma a emoção negativa é oferecida para guiar você para longe do que não lhe faz bem.

VOCÊ PODE DEFINIR SUAS EMOÇÕES DE MANEIRA PROFUNDA E MUITO DETALHADA, MAS TECNICAMENTE HÁ APENAS DUAS: OU SE SENTE BEM OU SE SENTE MAL. Essas sensações estão presentes porque seu ser interior oferece um impulso de pensamento que é traduzido em seu organismo físico.

Reconhecer a existência de seu ser interior e utilizar os infinitos recursos de conhecimento, força e clareza que ele oferece permitirão que você expanda sua experiência de vida dramaticamente. *Quando você permanece no presente, está numa conjunção perfeita — em que seu mundo físico se encontra com o não-físico — e a combinação de seus pensamentos deliberados e expectativas, com a emoção, a clareza e a força que disso emana, permite a criação deliberada magnífica e plena de felicidade.*

Enquanto vive sua vida física, você armazena muita informação e chega a conclusões. Pode reconhecer quais partes dessa vivência prefere e que tipo de coisas deseja abraçar. Seu ser interior sabe que você está coletando informação e elaborando conclusões e tomando decisões, e permanece pronto, a cada momento, para assisti-lo no que você decidiu querer — e longe do que não deseja vivenciar. Tal como nos mais sofisticados computadores, seu ser interior acessa qualquer detalhe de seu desejo, e estabelece exatas prioridades. Seu ser interior sabe quais as suas intenções dominantes. Seu ser interior não considera apenas fatores desta experiência física, mas lembra as intenções que você definiu no momento em que emergiu neste corpo, e todas elas são consideradas na equação de orientação. *Em resumo, seu ser interior tem um conhecimento eterno sobre você, agora neste corpo físico, oferecendo orientação na forma de emoção para que saiba para onde está se movimentando.* Seu ser interior é, e tem sido, desde o dia de seu nascimento, muito consciente de você, mas enquanto não tiver consciência de seu ser interior e não for capaz de ouvir — ou sentir — essa orientação, você não poderá se beneficiar dessa perspectiva profunda. Nos próximos capítulos vamos discutir o Processo de Criação Deliberada, em detalhes, oferecendo técnicas para ajudar você a utilizar tudo o que o seu ser interior oferece.

Quando os seres físicos fazem perguntas, eles recebem respostas, e estas produzem novas e profundas questões. Por exemplo: quanto mais se descobre sobre a Terra, mais alguém percebe o quanto ainda não sabe. Em vez de reduzir o volume de conhecimento que não é compreendido, expande a consciência da vastidão do Universo e da complexidade do plano terreno. Apenas aqueles que resistem à reflexão ou às novas idéias acreditam que conquistaram ou descobriram o planeta.

Os seres humanos têm imensa capacidade de refletir e compreender as coisas do mundo físico, embora a partir de sua perspectiva física eles não possam abarcar a profundidade deste seu mundo.

Você não precisa compreender completamente o processo pelo qual a energia elétrica é criada e como chega ao seu lar para livre acesso, para se beneficiar dela; portanto, não é necessário que compreenda a complexidade das questões relacionadas ao que acontece no planeta. Em outras palavras, o conhecimento ou a aceitação da existência do mundo interior é tudo do que você precisa para expandir seu mundo físico.

Como seria difícil para muitos que lêem este livro entenderem por que qualquer um pode escolher viver neste mundo moderno sem os benefícios e a eficiência da eletricidade, é difícil para nós entendermos por que alguns de vocês escolhem desconectar-se do vasto reservatório de claridade, conhecimento e poder que existe em seu próprio interior. E como muitos de vocês não podem explicar o benefício da eletricidade a partir de suas origens, nós também não conseguimos expressar — de uma maneira que você possa compreender — o que é essa energia não-física ou de onde ela vem.

É nosso intuito indicar a maneira como interagir com seu mundo não-físico — e de uma deliberada recepção e aplicação de seus recursos interiores — para expansão de tudo o que você vivencia.

Quando você aceita a existência de seu ser interior e da infinita experiência de crescimento à sua disposição, pode reconhecer o imenso reservatório de conhecimento e clareza e força que existe em seu íntimo. Esse reconhecimento pode levá-lo a uma considerável ampliação de progresso a respeito de uma série de temas, porque você certamente trabalhará de maneira muito mais profunda e consistente para desenvolver isso.

MUITOS TALENTOS E HABILIDADES QUE GOSTARIA DE VIVENCIAR VOCÊ JÁ TEM, CASO PERMITA QUE SE MANIFESTEM. Na verdade, não está começando a desenvolvê-los agora, nem mesmo iniciou esse processo ao nascer. Eles já existiam muito antes. Assim, só o que tem a fazer é deixar que venham à tona, e eles efetivamente surgirão.

Nós também queremos que você compreenda que não é preciso que todo o mundo compreenda as Leis do Universo ou o processo que estamos lhe oferecendo aqui, para que tenha uma experiência de vida produtiva, magnífica e feliz. Basta apenas que você saiba que atrai sua própria experiência. Simplesmente você.

Capítulo 6

Auto-estima

Tudo isso parece tão simples! *Então, por que tão poucos realmente aproveitam seu potencial interior, aparentemente oculto? O bloqueio que impede muitos de permitir que esse magnífico potencial brilhe é a baixa auto-estima.* É o mesmo bloqueio que impede muitos seres humanos de conquistar o que almejam. É o que faz com que muita gente permaneça em um estado de frustração ou de não realização.

Geralmente, os seres humanos não conseguem tudo o que querem, mas sim muito do que não desejam. Eles não compreendem como atraem o que lhes chega e então olham para fora de si mesmos para encontrar as respostas do que lhes acontece, encontrando uma série de rótulos para explicar isso ou mesmo razões às quais delegar a culpa por seus insucessos. Quanto mais procuram culpados, mais reforçam o descontrole sobre sua própria existência e mais frustração armazenam. E, a partir desse estado de emoção negativa, estão permeáveis a receber (atrair) o que consideram mau.

O estado predominante na maioria dos seres humanos é o de emoção negativa. Assim, o que atraem para sua vivência é também negativo — eles perpetuam a tendência.

É importante notar, antes que a gente siga adiante, que uma só pessoa pode ser exceção a essa regra, e na verdade há mesmo várias exceções.

Como os homens chegaram a esse estado de ser predominantemente negativo? Em princípio, por falta de auto-estima.

Todos os seres físicos, embora não conscientemente, sabem em seu mais profundo íntimo que não há fim para o crescimento. Certamente, sem esse reconhecimento, tão profundo, você não estaria aqui agora, sobre a Terra. Há uma premência íntima, encorajando você a novas experiências e evolução. Da mesma forma, para fazer o que é bom. Mas os homens físicos esqueceram como distinguir o que é bom do ruim, o certo do errado, o positivo do negativo.

Porque ele esqueceu a existência desse mecanismo de orientação, costuma olhar para fora de si à procura de informação em livros ou regras, em grupos de poderosa influência. ("Se há algumas pessoas que acreditam que isso é certo, com certeza será.")E quando ele olha para fora de si há uma abundância de inconsistências em um imenso volume de intenções e crenças divergentes de maneira que ele só encontra confusão.

Quando o homem procura uma noção de certo ou errado, começa a cotejar. De fato ele nasceu num mundo de comparações. Tudo é confrontável, inclusive ele em relação aos outros, em termos de tamanho, quantidade de cabelos, atenção, beleza, habilidades em diferentes áreas, entre outros itens. Isso acontece desde o dia em que ele nasce. Esse tipo de atitude também aumenta a confusão porque as comparações partem de diferentes intenções e crenças. Na verdade, é difícil descobrir, em todo esse conjunto, o que é melhor ou o que é certo porque há diferentes pontos de vista para cada assunto.

Os homens, durante sua experiência de vida, interagem mutuamente. Quando um deles não tem um forte senso de orientação a partir do seu interior, ele depende da opinião e atitude de outros. E percebe, muito cedo, que os demais são de fato muito solícitos e desejosos de expressar suas idéias e opiniões. Ele está procurando por idéias que sejam inerentemente boas, porque aí pode haver muitas descobertas de novos pensamentos e muita estimulação para novas idéias, até mesmo para evolução. Mas, quando há interação com pessoas que têm opiniões muito definidas sobre o que é *certo* e *errado* — e se você perdeu seu próprio senso de orientação —, você fica à mercê de todas essas diferenças, o que torna a confusão maior ainda.

Quando você não sente a força da orientação interna, porque não sabe que está ali e assim não procura por ela, vai atrás da orientação alheia e precisa de aprovação. Como sente muita satisfação ao agradar aos outros com seu pensamento, ou sua palavra, ou sua ação, tenta sempre fazer isso.

Freqüentemente os seres físicos agem, não por sua própria decisão, intenção ou desejo, confirmando essas atitudes com seu senso de orientação interno, mas justamente faz o que os outros gostam. Enquanto sua experiência é limitada, primariamente ao contato imediato com a família, às vezes apenas seus próprios pais, a pessoa pode confortavelmente obter essa aprovação. Mas, quando a esfera de interação se alarga em direção de muito mais gente, a confusão aumenta.

De fato, se há apenas uma pessoa de quem você procura aprovação, pode realmente atender às suas constantes e mutáveis demandas. Mas se há duas pessoas, ou muito mais, querendo que você pense, fale e aja como elas querem, então a confusão será grande, porque há muitos parâmetros de controle. São diferentes medidas de justiça e noções do que seja certo ou errado. Muitas críticas à espera de suas ações específicas.

Muitas das dificuldades que os indivíduos vivenciam são originadas no fato de não terem auto-estima ou de não confiarem em si mesmos. Quem não confia em si procura aprovação alheia, e isso pode trabalhar contra seus mais íntimos desejos. Se isso persiste, cada vez mais se reduz a autoconfiança. Reduzir-se a exemplos alheios para saber o que aprecia e aprova não inspira ninguém à auto-apreciação. Infelizmente há muitos exemplos disso ao nosso redor. *Você reconhecerá pessoas que se apreciam por uma série de características que indicamos a seguir.* Normalmente é alguém alegre. Não oferece sorrisos fingidos, mas o calor e o genuíno sorriso vêm de seus olhos da mesma forma que de sua boca. É alguém que o adora, que procura coisas que você mesmo gostaria de ver, mostrando-lhe o que talvez nunca lhe tenha chamado atenção sobre si mesmo.

Uma das mais importantes intenções que nós definimos, ao escrever este livro, é ajudar os homens a reconhecer a existência de seu próprio Sistema de Orientação, de maneira que possa beneficiar-se ao usá-lo. Antes que possa ser utilizado, ele tem de ser reconhecido. É preciso querer isso, antes que realmente aconteça.

QUERER, RECONHECER E UTILIZAR O SISTEMA DE ORIENTAÇÃO É O MAIS SEGURO E RÁPIDO CAMINHO PARA A AUTO-ESTIMA. E ESTA É ESSENCIAL PARA TER UMA EXPERIÊNCIA DE VIDA FELIZ.

Quando cada ser físico vem para esta vida, ele mergulha em crenças e influências que o rodeiam. Até que reconheça o reservatório de força, sabedoria e orientação que existe em si, sua resistência é muito fraca às influências externas.

Quando você vem para esta experiência de vida física, normalmente faz parte de uma família ou cultura, e imediatamente está à mercê de crenças e intenções alheias, ou seja, há confusão reinante ao redor.

De fato, há razões para justificar essa procura de suporte, de ensinamento e influência, porque a princípio você é pequeno e ainda não é capaz de cuidar de suas necessidades básicas. *Mas fora do estrito termo físico você não é apenas um bebê que somente agora começa sua experiência — é um ser antigo em relação à sua experiência, conhecimento e desejo.*

Para muitos, você realmente precisa de ajuda porque desconhece as coisas, e assim é continuamente guiado para fazer e pensar da mesma maneira que outros, existentes antes de seu nascimento. Como os pensamentos daqueles que o rodeiam pressionam muito e são compartilhados por muita gente, você aceita.

Já dissemos que você, de sua perspectiva íntima e desde que nasceu para esta vida, procura novas experiências de evolução. E assim, por causa da combinação de sua tendência natural ao crescimento, complementada pelo desejo daqueles que o rodeiam de ensinar o que acreditam que já sabem, você aceita o papel de estudante, vendo nos outros criaturas antigas e sábias.

Você se vê como alguém que não sabe nada, e procura fora de si respostas para inúmeras questões a respeito de muitos temas. À medida que você armazena informação sobre como as coisas funcionam neste mundo físico, esse hábito torna-se cada vez mais amplo, e você se afasta gradativamente de seu conhecimento interior, de sua força, de sua auto-suficiência, como criador de sua própria experiência.

Muitos nunca recuperam o sentimento de auto-estima. Mas alguns de vocês, quando ficam mais velhos, percebem que os outros não são tão sábios quanto pareciam, mas no momento em que reconhecem isso estão muito cansados para começar a procura de auto-apreciação.

O que nós queremos dizer é que a auto-estima não é algo tão difícil de encontrar. De fato nunca foi realmente perdida. mas apenas esquecida, temporariamente.

Entenda que seu ser interior existe. Entenda que seu ser interior é muito antigo e representa a culminação de tudo o que você já viveu e do que vivencia agora. E, acima de tudo, entenda que seu ser interior simplesmente adora você.

Quando seu ser interior olha para seu ser físico, sente uma imensa apreciação pelo que você é. Seu ser interior analisa, com ternura, conhecendo perfeitamente quais são seus desejos, expectativas. Sabe tudo a seu respeito, a cada momento do dia.

Enquanto você mantém o foco sobre assuntos que lhe agradam muito, o sentimento de energia positiva que flui através do corpo físico é a manifestação de conexão com seu glorioso ser interior. A cada prazer sentido com as belezas que estão ao redor, ou com uma gloriosa criatura muito sábia, ou com sua própria realização ou sonhos, seu ser interior vibra intensamente, na mesma sintonia, e você se sente maravilhoso.

Entretanto, quando ativa o foco em algo que lhe falta ou sente culpa, o sentimento de energia negativa que flui em seu corpo físico representa a tristeza que vem de seu ser interior. Quando escolhe pensamentos com os quais seu ser interior não concorda nem vibra, você se sente como se estivesse nu e em total solidão, com um misto de insegurança e medo. Essas manifestações indicam que não está em sintonia com o que realmente é.

Se você aceita que seu ser interior existe como a combinação perfeita de tudo o que já viveu, e também que seu ser interior está inteiramente consciente de sua existência e adora você, então dá um grande passo em direção a sua auto-estima.

Caso você queria ter consciência disso que acabou de ler, sente-se em silêncio por alguns momentos e se concentre em alguns pensamentos muito claros. Escolha um tema que lhe agrade muito. Pense apenas naquilo que adora e se entregue a essa prazerosa interação. Ou focalize algo que deseja vivenciar e permita que as sensações dessa experiência invadam sua mente. Ou, ainda, lembre-se de algo que fez recentemente, com grande alegria. E enquanto mergulha nisso tudo, sinta a energia positiva que flui através de seu corpo, ao mesmo tempo que seu ser interior vibra com esses mesmos pensamentos. Então, escolha um tema não muito agradável. Observe, por exemplo, o fato de não ter dinheiro suficiente, e na sensação desagradável que invade você ao contemplar uma série de contas chegando, sem que possa honrá-las. Lembre-se de um acontecimento triste, como aquela pessoa que o maltratou. Gaste algum tempo tentando justificar sua posição, em uma atitude de defesa mental contra essa inimiga. Ou, ainda, reflita sobre suas deficiências, açoitando-se mentalmente. Agora, sinta a ausência de seu ser interior. Perceba os sentimentos que assaltam você quando elege assuntos com os quais seu ser interior não concorda. Observe como há uma desconexão do poder positivo de seu ser interior.

Alguém nos disse: "ABRAHAM, por que meu ser interior me abandona, justamente quando mais preciso dele? Por que me dá as costas?"

E nós respondemos: seu ser interior nunca deixa de estar atento, mas nem sempre você está em posição de permitir que ele se manifeste. Quando se sente bem efetivamente, existe essa conexão; quando se sente mal, ela não se completa.

O trabalho mais importante — aquilo que é a base de seu sucesso e satisfação nesta existência de vida — é a busca de seu verdadeiro eu, do que você realmente é.

Capítulo 7

Liberdade, evolução, felicidade

Todos os seres físicos que agora estão sobre o planeta Terra vieram para esta experiência com a intenção de ter: *EVOLUÇÃO* — porque de outra forma você não estaria aqui, e *FELICIDADE*, iluminação do seu ser e de outros, perfeitamente possíveis em razão de sua infindável, sempre presente e individual *LIBERDADE*. Todos vocês têm essas intenções básicas para esta experiência física em comum, embora haja muita variação nos estágios desse desejo. Alguns têm intenção forte e apaixonada nesse sentido, mas outros não apresentam essa inclinação assim tão intensa.

Você veio para este corpo, neste específico período da Terra, por seu próprio desejo poderoso. Quando tomou a decisão de emergir nesta dimensão física, reconheceu que o plano terreno é um espaço de grande diversidade com incrível variedade de experiências, crenças e desejos. Você considerava este plano como o lugar perfeito para criação deliberada.

É como se você fosse um chef *de cozinha com uma despensa muito rica, onde qualquer ingrediente imaginável está disponível em porções abundantes. A Terra representa essa cozinha privilegiada, e você pode selecionar os ingredientes que considera perfeitos para realizar sua própria experiência de vida.*

À medida que nós caminharmos juntos, neste livro, vamos definir claramente para você as infinitas Leis do Universo que afetam cada parte deste mesmo Universo, inclusive esta realidade física em que você está focado. Aqui, descreveremos essas leis com detalhes e explicaremos como elas afetam sua experiência de vida. Você poderia compreendê-las integralmente, mesmo que as ignorasse completamente.

Nós estamos muito felizes em relação a esta parte do livro, porque aqui você reconhecerá precisamente como criar o que deseja. Você compreenderá por que existem coisas que almeja, mas imagina que não pode trazê-las para sua experiência, enquanto vivencia coisas que não deseja. Nós não apenas vamos ajudá-lo a conquistar absoluto controle sobre sua experiência de vida, mas também a entender que é precisamente por isso que está aqui. Durante a leitura, terá acesso a chaves para experiências de vida deliberadas, escolhidas por você.

Talvez a pergunta que os seres humanos mais façam seja: "Por que eu estou aqui?"

Nós responderemos da maneira mais simples. Apenas parte de você está aqui. E essa parte é a que está focada nesta dimensão física e neste corpo, justamente para que tenha uma experiência de felicidade. Exatamente para fazer mais, ter mais e ser mais.

Insistimos: não há fim para a evolução. Você continuamente acumula experiências e estas representam o que cada um dos seres humanos é, ao longo do tempo. Dessa forma, cada experiência que você vive é agregada a seu grande e íntimo ser não-físico.

- Você não veio a esta vida apenas para acumular riquezas, mas sim para algo maior.
- Você não está aqui para submeter-se a testes: nada parecido a ter de lutar contra um mundo implacável e amargo para ver se você tem força suficiente, coragem e sabedoria para realizar algo que mais tarde será motivo de exaltação.
- Você não está aqui como um estudante ignorante, em busca de mestres que sabem tudo para apontar o caminho.
- Você não está aqui para escalar os degraus de uma escada, merecendo uma recompensa assim que chegar ao topo.
- Você não está aqui para passar por testes sobre sua resistência à tentação.

VOCÊ É UM CRIADOR ETERNO QUE ESTÁ ILUMINADO PELA EXPERIÊNCIA DE VIDA.

VOCÊ APLICOU LEIS ETERNAS E INFINITAS E ISSO RESULTOU NO SEU SURGIMENTO NESTE CORPO, NO PRESENTE TEMPO E ESPAÇO.

Em resumo, você está aqui, neste momento, porque sabe que terá mais informações, mais compreensão e mais prazer acrescentados a seu todo.

Por meio das poderosas Leis Universais, você recebe todas as coisas. Não importa se tenha muito ou pouco dinheiro, grande saúde ou contínua enfermidade, satisfatórias ou não gratificantes relações humanas — tudo isso é determinado pela maneira com que aplica as Leis do Universo. Sem nenhuma exceção, está aplicando as leis, é você quem cria suas experiências físicas.

De fato, toda e qualquer experiência vivenciada é atraída por você. Em resumo, VOCÊ É A ÚNICA CRIATURA QUE CRIA SUA PRÓPRIA EXPERIÊNCIA.

A abundância ou a pobreza, a doença ou a saúde que você experimenta não são oferecidas por outra pessoa nem representam recompensa ou punição. Suas vivências não acontecem para testar capacidade, agilidade ou merecimento. Não há alguma inteligência não-física oferecendo ou negando bênçãos em decorrência de sua atividade física.

O que você consegue é conseqüência de seus pensamentos e correspondentes sentimentos no momento em que pensa nisso. Esses impulsos de pensamento — que você tem numa espécie de corrente não-física, não muito diferente daquela que conhece como eletricidade — são magnéticos e através de uma polaridade poderosa você faz com que venham circunstâncias e eventos semelhantes para agregar sua experiência de vida.

O que está lendo aqui talvez lhe provoque insegurança, justamente em razão da idéia de que só você cria cada detalhe de sua vivência. Há razões primárias para essa insegurança. Há coisas na sua vida que preferia que não tivessem ocorrido e outras que você deseja e não conseguiu trazer para sua experiência, simplesmente porque não compreendeu que é responsável por tudo que lhe acontece, e provavelmente também não conhece outras pessoas com essa sabedoria.

A seguir, nós vamos definir especificamente o Processo de Criação Deliberada. Começaremos por dizer novamente que, sem exceção, você cria sua própria experiência, mesmo que não compreenda como faz isso. Você, na verdade, não deseja criar algumas coisas, mas, na prática, acaba fazendo exatamente isso.

Chamamos a isso criação por omissão. Em todos os casos, omissa ou deliberadamente, por propósito ou acidente, com clara intenção ou sem entender o que está se passando — *VOCÊ É QUE ATRAI, CONVIDA, SOLICITA E CRIA TODAS AS COISAS QUE INTEGRAM SUA EXPERIÊNCIA DE VIDA.*

Os seres físicos agem a partir de idéias equivocadas. Geralmente pensam que o que você recebe é em razão da maneira como age. Muitos acreditam que a ação faz as coisas acontecerem. Não é verdade! De fato, muitos de vocês desperdiçam seus movimentos, como fogo de palha. Muito do que fazem é para tentar compensar a criação inadequada, que é resultante não de suas ações, mas de pensamentos e palavras e sentimentos afins. Por exemplo: seus hospitais estão lotados de gente que agora tenta fazer algo para compensar pensamentos em que antes essas pessoas estavam focadas. Ou seja: se você tem medo de uma doença (ou várias) e só pensa nisso, é o que vai trazer para sua vivência: essa enfermidade.

As coisas que lhe acontecem, as circunstâncias pelas quais passa, as relações humanas que desenvolve, enfim, tudo o que surge em sua vivência chega a você ***NÃO PELO PODER DE SUA AÇÃO, MAS PELO EQUILÍBRIO DOS PENSAMENTOS EM QUE FIXA A ATENÇÃO.*** Esses pensamentos evocam sentimentos compatíveis em seu interior, de maneira que isso serve de indicador para o que você está atraindo.

A MANEIRA CERTA DE ATRAIR

No auge do verão, nossa amiga Esther, a mulher pela qual estamos nos comunicando, estava andando sobre a grama em seu jardim, observando como tudo estava seco, inclusive a ramagem das árvores. Ela parou e disse, com uma entonação clara e positiva: "ABRAHAM, eu desejo alguma chuva!". Nós respondemos: "E a partir dessa sensação de falta você acredita que pode obter chuva?". Ela retrucou: "O que estou fazendo de errado?". Nossa resposta: "Por que você deseja chuva?". E ela: "Eu quero chuva porque mantém a grama bem verde; porque refresca as árvores; porque oferece a todas as criaturas água suficiente para suas necessidades, não apenas aquele pouquinho que nós colocamos no recipiente para os passarinhos. Eu quero chuva, porque baixa a temperatura do ar e faz bem à minha pele. Tudo isso faz com que a gente se sinta muito bem". Retrucamos: "Agora sim, você está atraindo a chuva".

Quando você ou as pessoas que conhece pensam continuamente sobre saúde? Quando estão doentes! Quando pensam continuamente em ter mais dinheiro? Quando o que têm não é suficiente. Quando pensam em encontrar uma pessoa para compartilhar a vida, com companheirismo, cumplicidade? Quando estão sós! Nessas condições, a partir de uma posição de falta, vocês atraem mais a carência daquilo que desejam, que realmente querem.

Observe qual é a mensagem que temos: *Você não pode sentir-se de uma maneira e pensar e falar de outra e esperar receber o que está falando ou pensando, porque o que sente influencia o que atrai.* Você pode abrir um largo sorriso e dizer uma mensagem alegre, mas é preciso que isso expresse o que se passa em seu coração, os seus sentimentos — esse é o ponto predominante da atração. Quando você se sente uma pessoa obesa, não pode atrair magreza! Quando se sente pobre, não pode atrair prosperidade! Quando se sente só, não pode atrair companhia! *ISSO VAI CONTRA A LEI!*

E O QUE É ESSA LEI? LEI DA ATRAÇÃO. O DESEJO SE MANIFESTA DA FORMA COMO FOI ESBOÇADO.

Antes que possa atrair o que realmente quer, é necessário que altere a maneira como se sente. Tem de colocar-se em um estado de boas sensações para que chegue a você o que considera bom.

Já nos perguntaram: "ABRAHAM, você pode falar outra língua com Esther — italiano, inglês ou francês?" Nossa resposta é que nós não falamos uma linguagem de palavras, mas oferecemos pura essência ou impulso de pensamento, e Esther traduz para um estado inconsciente de seu ser. Nós nos expressamos com puro impulso de pensamento como fazem todos os seres não-físicos. É o idioma dos animais, que existe em ambas as dimensões, física e não-física.

Você está continuamente oferecendo mensagens, ou puro significado, ao Universo. Não por suas palavras ou pensamentos, mas a partir da maneira como se sente. Com certeza, a maneira como você se sente a cada momento é resultado de suas escolhas de pensamentos ou palavras. Mas é o seu sentimento que manda a mensagem real ao Universo, e seu modo de sentir é seu ponto de atração magnética. E isso é como foi definido por você.

O que confunde muitos — lembre-se de que começamos a explicar que você cria sua experiência e o que consegue é aquilo em que pensa — é que mandam uma mensagem, por pensamentos e palavras, diferente do que realmente sentem. Esther pensou que estava atraindo chuva por meio de suas palavras positivas, mas a partir daquela posição de falta o que ela podia atrair era somente mais falta. *É imperativo que você abandone seu sentimento de falta ou carência ou negatividade, colocando nesse lugar uma sensação de ter, positiva, antes de atrair o que deseja.*

A razão primordial pela qual a maioria não tem a vida que deseja é porque o que diz e o que sente não estão em harmonia.

O Universo é sensível e receptivo somente quando há harmonia. Resumindo de maneira bem clara:

Quando pensa em algo que não quer — câncer, por exemplo — e sente a emoção negativa que qualifica de "temor" ou "medo", então você tem harmonia — e aquele câncer está a caminho de sua vivência. Quando você pensa em algo que quer — saúde perfeita, por exemplo — e sente emoção positiva de "paz" ou "felicidade", você tem harmonia — e essa saúde perfeita é o que vai vivenciar.

Não é possível sentir emoção negativa e ao mesmo tempo estar em harmonia com algo que você deseja ou considera bom. Ao sentir emoção negativa, você influencia o Universo nesse sentido — literalmente está pedindo ou convidando algo que não deseja ou mesmo acentuando uma carência.

É importante que você esteja sempre sensível ao que sente, para saber quando realmente atrai o que não quer, para que possa parar essa atração negativa. Se você aceita a grandeza desta mensagem, então está em condições de receber também o processo seguinte.

Capítulo 8

A conquista da felicidade

O PROCESSO DE GIRAR

O processo de girar ajudará você a transformar seu ponto negativo de atração em um ponto positivo. Observe, a seguir, como isso funciona.

Quando você sente emoção negativa, reconheça que seu Sistema de Orientação, desde o seu interior, está lhe dizendo duas coisas importantes: primeiro, que há algo que você quer! Caso contrário, não sentiria nenhuma emoção. Segundo, você está olhando para o que quer, mas em uma direção oposta.

Ao reconhecer isso, diga para si mesmo: "Há algo importante que eu quero, mas não estou olhando para isso. O que desejo?" Pode continuar nessa mesma linha de reflexão, acrescentando: "Por que eu quero isso?" Quando pondera o que quer e por que quer, então já começa a imaginar-se como se estivesse naquela posição. Como se tivesse aquilo, ou fosse, ou fizesse... até que sinta emoção positiva nascer em seu interior.

Quanto mais você pratica esse processo, mais proficiente ele será. E mais rápido acontecerá o giro. *Você saberá ou reconhecerá exatamente quando completar o giro — no momento em que se sentir melhor.*

Se você é muito sensível à maneira como se sente, encontrará cem ou mil oportunidades de fazer esse tipo de giro em um único dia. De qualquer forma, não haverá cem ou mil coisas diferentes que deseje. Você começará a descobrir que todos esses giros estão apontando para umas poucas coisas que são extremamente importantes para você. Liberdade — normalmente uma alta prioridade. Evolução. Felicidade. Iluminação.

Girar compreende as seguintes coisas: primeiro, e mais importante, você deve permanecer num estado constante de emoção positiva — que significa que permanentemente se mantém num ponto de atração sobre o que você considera bom. Ao mesmo tempo, como está sensível ao que sente, está permitindo ao seu Sistema de Orientação, a partir de seu interior, sinalizar as coisas que são importantes para você. Assim, percebe mais e mais oportunidades de girar — as coisas que têm imensa importância ficarão cada vez mais aparentes. Em seguida, com cada giro, acrescenta maior claridade sobre o que você quer e se aproxima dessa meta.

Algumas pessoas não compreendem bem o processo de girar. Elas acham que nós estamos dizendo para transformarem algo que está obviamente errado em certo. Ou que olhem para algo branco e chamem isso de negro. Não é isso que chamamos de girar.

- Girar é o processo que ajuda a descobrir o que é certo para você.
- Girar é o processo que o mantém num contínuo estado de atrair apenas o que você quer.
- Girar é o processo por meio do qual você determina seu ponto de desejo.
- Girar é reconhecer que quando você está sentindo emoção negativa atrai o que considera ser mau, e então toma a decisão consciente de parar esse processo e começar a agir à luz da atração positiva.
- Girar é o processo de mudar pensamento, palavra e ação para alterar sua resposta emocional.
- Girar é o processo em que você reconhece, pela emoção negativa que sente, que está absorvendo a energia não-física do Universo para direcioná-la ao que não quer, ou à ausência do que quer.
- Girar é o processo de recuperar uma energia que você ofereceu em oposição ao que deseja, e fazê-la funcionar na direção do que almeja.
- Girar é o processo que muda a direção de sua criação, ou especificamente, de seu ponto de atração.
- Girar é o processo que coloca você em equilíbrio com suas intenções fundamentais.

O processo de girar — literalmente procurar por oportunidades ou razões para identificar o que você quer, pois constantemente se sente mal porque permanece com o foco na falta do que quer ou no que não quer — é a chave para conduzi-lo a uma produtiva e gratificante experiência de vida física, que você desejou mesmo antes de emergir neste corpo.

Freqüentemente, surge a questão "por que eu estou aqui?". Muitos seres físicos não entendem o motivo de eles existirem. Muitas vezes recebem respostas equivocadas para essa questão, inclusive coisas como: "Você está aqui, sendo testado, para provar que é digno de uma existência feliz depois desta passagem terrena", ou "você é um produto acidental da massa física amalgamada". Nós, porém, acreditamos que:

VOCÊS SÃO CRIADORES! NÃO PESSOAS QUE CARREGAM UMA BAGAGEM DE SEUS RELACIONAMENTOS, NÃO REGURGITADORES DE EXPERIÊNCIAS VIVIDAS POR OUTROS! Vocês escolheram especificamente este tempo, este lugar e esta dimensão para a aplicação deliberada das Leis do Universo. Em resumo, quiseram estar aqui sobre a Terra, nestes corpos físicos e no presente, para vivenciar a maravilha da criação.

Da mesma forma que um escultor ou qualquer artista se sente satisfeito não ao terminar o trabalho, mas durante sua execução, você, também, vivenciará muita alegria moldando a argila deste Universo no trabalho de arte que identifica como sua experiência de vida física.

A maioria dos seres físicos não tem a menor idéia de que é criadora absoluta de sua própria vivência. Na verdade, segue a trilha dos que vieram antes, dando crédito ou negando opiniões, instituições ou seja lá o que for. Porém, grandes camadas da população do planeta começaram a se conscientizar de que podem ter influência sobre o que vivem, por meio de seus pensamentos e atitudes, e uma parte pequena dessas pessoas já começa a procurar deliberadamente detalhes sobre como assumir cada vez mais o controle de sua existência. É para elas que nos dirigimos. Se é uma delas, saiba que estamos escrevendo este livro justamente para você.

Observando aqueles que decidiram tornar-se criadores deliberados, percebemos um fator comum. Há uma propensão a sempre olhar adiante, esperando um futuro brilhante. "Quando eu conseguir tal emprego, as coisas serão melhores." "Quando encontrar meu verdadeiro amor, então serei feliz." "Quando tiver mais dinheiro, terei muito mais alegria." E assim por diante. Embora nos pareça muito bom que você olhe para o futuro na certeza da felicidade, é bom que saiba que ainda não entendeu o sentido da mensagem. Está fora do ponto.

Você está aqui para vivenciar, diariamente, momento a momento, um maravilhoso estado de ser. Se permanece no agora, na expectativa do que deseja ser ou de para onde está indo, sua tendência é perceber as lacunas entre o que há e o que haverá. Se você fica comparando o presente com o sucesso futuro, usualmente o que vai SENTIR é a dor do que lhe FALTA, agora. E QUANDO PERMANECE NESSE ESTADO DE FALTA, SEU PRESENTE CONTINUARÁ INALTERADO.

Capte e mantenha o conceito de ser. Não infeliz, agora. Não um ser incompleto, agora. Não em estado de espera por mais felicidade ou sucesso lá adiante. Seja livre e feliz agora, e isso conduzirá você a um novo estágio de criatividade, cada vez mais evoluído.

Não podemos oferecer-lhe nada mais importante, como criatura capaz de criar, deliberadamente, do que o entendimento de permanecer em um estado de felicidade contínua.

Quando você entender que é como um ímã, atraindo tudo o que sente — portanto, se estiver com emoções negativas, terá o que não deseja —, então compreenderá o poder dessa consciência da felicidade em curso.

Não importa quanto você deseja algo, ou quanto acredita no fato de conseguir isso, se estiver, agora, no presente, com o foco ajustado na falta disso, o que atrairá é exatamente mais dessa lacuna. Lembre-se do exemplo de Esther, quando pedia chuva, mas com um sentimento de tristeza pela seca.

Por outro lado, quando você capta e consolida o conceito do ser feliz agora, mesmo que muitas das coisas que deseja ainda não façam parte de sua experiência, alegremente as antecipa, inclusive gostando dessa caminhada entre o ainda-não-ter e o conseguir-no-futuro. Em vez de lamentar, sente-se feliz no meio tempo. Então, como os artistas extraordinários, você se envolve no manuseio da criação de sua experiência de vida. Uma obra de arte. Gratificante.

Você está aqui na terra, agora, por causa de sua paixão pela vida, porque é um ser criador. A criação gratificante não é escolher uma meta e uma vez conseguida descartá-la, escolhendo outra e mais outra, tão logo se realizem. *A criação gratificante é o contínuo reconhecimento da experiência de vida que se quer e a sustentação do foco deliberado para que se realize.* A criação gratificante é a experiência de vida, tirando conclusões dessa vivência e maravilhosas expectativas de resultados. Mas experimentando só boas sensações.

Se o seu presente pode ser repleto de feliz antecipação de uma ainda mais feliz experiência de vida, então você não poderá atrair menos que experiências ou circunstâncias maravilhosas. Mas se só fica olhando para um feliz amanhã, e permanece lamentando o que lhe falta no presente, em contínuo contraste com o que será melhor no futuro, atrairá muito mais isso que lhe falta do que o que deseja.

Como um ser criador de sua experiência, você está trazendo para si mais do que está sentindo agora. Como você existe no seu agora, formulando pensamentos, dizendo palavras, agindo, está ao mesmo tempo experimentando um sentimento correspondente. A combinação de seu pensamento, palavra e ação com o sentimento correspondente é igual ao seu poder de atração. Essa é a maneira pela qual você traz para a sua experiência de vida outras pessoas, experiências, eventos e circunstâncias. Assim, você está moldando ou criando sua vivência, momento a momento e dia a dia.

DE SUA CRIAÇÃO, 99% ESTÃO COMPLETOS ANTES QUE VOCÊ VEJA ALGUMA EVIDÊNCIA FÍSICA DISSO. Mas muitos são tão movidos a evidências que precisam ver provas físicas. E, se não obtém essas provas, você se ressente, duvida ou se entrega à falta do que quer, e dessa forma afasta continuamente o que almeja.

O fazendeiro que planta a semente de tomate sabe que essa criação está se desenvolvendo mesmo antes que ele constate isso. Ele não fica ali todo o tempo olhando a terra e pedindo que mostre os primeiros brotos. Apenas permite que as naturais Leis do Universo façam seu trabalho transformando a pequena semente em algo que trará benefícios à sua experiência.

Você lançou maravilhosas sementes de criação, mas em sua impaciência ou falta de entendimento das Leis permaneceu com o foco na ausência, e assim pisoteou, destruiu ou sabotou as sementes de seu desejo.

Então, quanto do que consegue você realmente controla? Tudo isso. *Quantos eventos de que participou são o resultado de suas escolhas?* Todos eles. *Quantas pessoas com as quais convive diariamente foram trazidas para perto por você?* Cada uma delas. *Qual porcentagem de sua experiência realmente controla?* 100%. *Quantos outros estão continuamente criando em sua experiência?* Nenhum. *Quantas pessoas têm responsabilidade sobre o que ocorre a você?* Nenhuma. *O que as probabilidades, o destino ou a sorte têm a ver com a sua experiência?* Nada. *Quem é o absoluto e único ser criador de sua experiência?* VOCÊ!

Capítulo 9

Influência

Então, qual é a parcela, se é que há, que cabe aos outros na sua experiência? E qual é sua parcela, se é que há, na experiência alheia?

Você escolheu esta dimensão, este tempo e lugar para conviver com outras pessoas porque desejou o benefício desse compartilhamento. Você reconheceu, a partir de sua mais profunda perspectiva, mesmo antes de nascer neste corpo, o valor de muitas mentes e de muitos pensamentos. Você sabia o poder do pensamento e gostou da idéia de viver em um ambiente abundante de pensamentos, porque viu nisso uma vantagem para a sua evolução. Da mesma forma que gosta de poder selecionar muitas peças em seu guarda-roupa e também nas lojas de departamento, ou de escolher sons em uma loja de discos, você aprecia uma ampla escolha de intenções, expectativas, crenças e experiências no seu criativo lugar de trabalho.

Lembre-se: você não entrou neste plano terreno como um desconhecido iniciante. Estava longe disso mesmo quando era uma criança. Você chegou à Terra como um ser criador deliberado à procura de uma nova seleção de materiais com os quais possa criar e, igualmente, de novas intenções a considerar. Novas fronteiras a descobrir. Novas idéias a contemplar. E novas vitórias a experimentar.

Os pensamentos são abundantes. Pensamentos projetados por outros, estejam eles perto ou longe, continuamente chegam a você. Quando você recebe um pensamento, seu Sistema de Orientação responde com um sentimento análogo, e conforme se sente você irradia influência. Em outras palavras: *QUANDO TEM UM SENTIMENTO A RESPEITO DE UM PENSAMENTO RECEBIDO, VOCÊ ACRESCENTA SEU PODER A ELE.*

Quando uma influência toca você, se não está em harmonia com o que escolhe — e a indicação é uma emoção negativa —, é preciso que seja descartada. Ela não terá reflexos nem vai alterar sua experiência de nenhuma forma, se reconhecer o alerta da emoção negativa e deliberada e conscientemente, fixar-se no que você quer. Mas, se não pensa no que almeja — mesmo considerando a desarmonia que lhe causou a princípio —, então esse pensamento influenciou você, e você está agregando a ele seu poder de influência, portanto tornando-o ainda mais forte.

Confira um exemplo. Digamos que você esteja ocupado, bem cedo, aprontando-se para sair. Está tomando banho e escolhendo as roupas que vai usar, quando ouve um comentarista da televisão falar sobre acontecimentos terríveis no mundo, especificamente sobre uma revolta em algum lugar e as mortes causadas por esse movimento. Ao ouvir essa informação, que não está em harmonia com o que você quer, ou com o que escolheria, imediatamente sente soar um "sinal de alerta" ou uma comunicação com seu ser interior na forma de emoção negativa. Essa orientação é um indicador de que você está focando algo oposto ao que quer, e se permanecer nessa direção atrairá mais dessa influência — pela poderosa Lei da Atração — e adicionará sua própria influência e poder a isso. Em outras palavras: por sua negativa atenção a essa situação desagradável, você a estará afetando, de fato contribuindo para que se expanda com seu pensamento e sentimento correspondente.

Reconheça que, sempre que você sente emoção negativa, seu ser interior está comunicando duas coisas. Primeira: "Há algo muito importante para você aqui". Segunda: "Você está com o foco ajustado na direção oposta à que deseja". Então pergunte-se: "O que eu quero?" e, quando você definiu o que quer, pergunte: "Por que eu desejo isso?" Ao pensar no que quer e por que deseja isso, você começará a sentir a emoção negativa desaparecer, substituída por emoção positiva. Nesse caso realiza um giro efetivo. Ao retirar o foco, o poder, o sentimento e a influência daquilo que não deseja, você dirige seu foco, poder, sentimento e influência, precisamente ao que deseja.

Chamaremos de influência a maneira como você e os outros se afetam em seus respectivos trabalhos criativos. *Embora você não possa criar na experiência alheia nem ninguém na sua, todos são afetados por suas criações individuais. Isso é influência.*

Muitos seres físicos estão conscientes de que a influência existe, mas seu entendimento a respeito dela é parcial. Em vez de se beneficiar de influências que podem expandir sua experiência, muitos ficam na posição de proteger-se delas, e assim o resultado final não é benefício, é prejuízo. É necessário ter um profundo conhecimento da Lei da Atração antes que você possa conscientemente beneficiar-se na interação com as influências ao seu redor. Elas podem ter um grande valor para você. De fato, o benefício delas é justamente a razão por que escolheu esta dimensão, em que compartilha a vivência com tantas outras pessoas e tão variada influência.

Antes de seu nascimento, você já reconhecia o poder do pensamento. Sabia do poder do pensamento coletivo e harmonioso. Sabia que não é necessário que todos esses pensamentos se harmonizem com os seus desejos. Sabia, ainda, que tudo o que é preciso para que se beneficie desse conjunto é que você controle a direção de seu próprio pensamento e sentimento correspondente.

Muitos seres físicos lamentam que existam tantos pensamentos, crenças, estilos de vida e influências que eles não aprovam nem gostam, e se fixam tanto nisso que perdem completamente o benefício resultante do que nesse conjunto possa harmonizar-se consigo.

É nossa intenção, com este segmento do livro, trazer a você um claro entendimento de sua experiência física. Queremos que compreenda não apenas como pode ter uma vivência maravilhosa ou como pode aperfeiçoá-la se ainda não é exatamente como você quer. Queremos que perceba seu propósito.

Pense, por um momento, em um cristal extraordinário que possa transformar um imenso espectro de luminosidade em um pequeno ponto de luz poderosa. Tão poderosa, de fato, que possa incendiar o lugar em que se reflita. Da mesma maneira, você pode agir, usando seu conhecimento magnífico e toda experiência de vidas passadas, focando-os sobre tudo que está ao redor. Por causa do seu específico e íntimo foco nesta experiência física, você tem o potencial de ser extremamente poderoso, da mesma forma que o cristal.

Seu mundo físico, com tudo que vê e sabe, inclusive você e outros seres físicos, é suportado por uma energia não-física.

Sem essa energia não-física, tanto você como tudo o que conhece como seu mundo não existiriam. Essa energia não-física é o que sustenta o seu planeta. Nós a chamamos de Força Criativa Vital e ela chega a você em uma forte e contínua corrente. É algo semelhante à eletricidade que flui através das paredes das casas de quem vive em sua comunidade. Cada um, individualmente, usa essa fonte para uma série de aplicações. Da mesma forma, todos os seres físicos recebem essa corrente de energia não-física, embora vocês não escolham o resultado final conectando-a em determinado equipamento. Você escolhe o resultado final contornando esse constante fluxo de energia com seus pensamentos. *De fato, seus pensamentos estão continuamente ligados à corrente de energia não-física na direção dos resultados finais e estes são exatamente as vivências que você experimenta. Não é difícil saber como foi utilizada essa energia ou que caminho foi feito para contorná-la, porque você está vivendo o resultado final. O que você vive agora é resultado da maneira como tem utilizado a corrente de energia não-física. Você está, literalmente, vivendo o equilíbrio de seus pensamentos.*

Quando recebe a corrente de energia não-física e seu foco está ajustado em um claro, puro, deliberado e inquestionável pensamento — isto é muito poderoso —, você obtém rapidamente o resultado físico de seu pensamento. De outra forma, quando questiona ou duvida ou tem receio a respeito do que pensa, você manda parte da energia na direção oposta e neutraliza seus efeitos. Essa divisão de energias dá a sensação apurada de permanência, porque você não está se movendo de um lugar para o outro. O balanço de seus pensamentos, neste caso, faz com que você se equilibre.

O saldo de seus pensamentos é uma coisa muito boa, porque lhe dá a oportunidade de avaliar condições, idéias e cren-

ças antes de tomar uma decisão. É aconselhável que ao ter um pensamento você não se apresse em fixar-se nele. É maravilhoso que você tenha crenças íntimas para amenizar cada nova estimulação de pensamentos.

Alguns de nossos amigos físicos, quando percebem que têm desejos recorrentes, mas que permanecem neutralizados exatamente pela existência de pensamentos opostos, pensam que devem tomar decisões rapidamente, mas essa não é uma boa idéia. Não deve, portanto, ser concretizada. Se as crenças que você carrega, atualmente, permitem um bom equilíbrio, ou se constituem uma pedra angular, terá uma boa base para a sua existência. Sem essas crenças, poderia aceitar o estímulo (influência) de fazer algo absurdo. Seguir, por exemplo, a idéia que alguém ouse lhe sugerir: "Ouvi dizer que é uma experiência maravilhosa saltar de um edifício de 20 andares".

Seu verdadeiro trabalho — aqui, como ser físico neste Universo perfeitamente equilibrado — é ampliar continuamente os novos estímulos de pensamento em direção ao conjunto de crenças que você carrega interiormente, assim decidindo o que deseja. Portanto, a tarefa é, deliberada e decisivamente, focar seus pensamentos nessa única direção.

Capítulo 10

Ao encontro de seu verdadeiro equilíbrio

Você veio neste corpo físico, e neste lugar e tempo, com algumas intenções longamente definidas e fixadas. Você queria muito evoluir e escolheu esta dimensão física porque entendeu que lhe proporcionaria uma maneira importante de ampliar sua experiência. Queria muito a liberdade e, exercendo-a de maneira absoluta, você conseguiria armazenar uma quantidade de energia não conflitante que resultaria, literalmente, de sua emergência neste estado físico. Como, a partir de sua perspectiva não-física, desejou esta vivência física, ofereceu pensamentos claros, focados, não questionadores nem conflitantes, em virtude da absoluta liberdade de criação que resultou desse movimento, você emergiu. Também desejou felicidade, satisfação, prazer... *Essas três intenções poderosas — liberdade, crescimento e alegria — são as bases de desejo e expectativa que existiam num momento em que você assumiu este corpo e, como contínua e deliberadamente mantém essas três poderosas intenções em harmonia, você terá as mais gloriosas experiências físicas ao mesmo tempo que satisfaz suas profundas intenções não-físicas.*

Como oferecemos nosso conhecimento das Leis do Universo, estimulando inclusive os amigos físicos a usar seu poder e habilidade para criar tudo aquilo que eles desejam, observamos que a maior resistência que os seres físicos têm ao tomar conhecimento dessas informações deriva da dúvida sobre sua habilidade, ou direito, de tomar decisões sobre o que eles querem. Muitos pensam que preferem alguém mais seguro, poderoso e forte que eles para tomar decisões sobre o que é certo e errado, enquanto assumem o papel de seres conformados com essas regras, que eles mesmos não definem. Por outro lado, alguns encontraram grande satisfação ou sucesso neste caminho de experiência física de vida, porque cedo descobriram as infinitas interpretações sobre o que é certo e o que é errado.

Quando componentes de família pequena ou de comunidade bem reduzida em que as idéias se limitam a uma direção particular, não há muita confusão. *Mas quando está exposto a um largo espectro de pessoas, com inúmeras idéias e crenças, então você começa a reconhecer que, como integrante do povo sobre a terra, nunca chegará ao ponto de concordar com todos os demais, ou mesmo de entender por que eles fazem o que fazem ou querem o que querem ou ainda crêem no que crêem.* Quando as pessoas fazem essa descoberta, muitas desistem, assoberbadas pela vastidão do projeto, refugiando-se em sua própria cápsula de descontentamento, ou saem a campo, tentando mudar o mundo, organizando os demais seres, conquistando companheiros, tentando convencer a quem lhes dê ouvidos sobre uma melhor maneira de viver — às vezes até destruindo fisicamente quem é contrário a seus interesses ou crenças.

Nós queremos ajudar você a perceber que sua alegria de crescimento ou liberdade não depende do que os outros ao redor escolham para si mesmos. Nós queremos que você redescubra o sentimento de liberdade que tinha quando veio para este corpo físico.

Nós queremos estimulá-lo a permanecer com a atenção focada no fato de que o que procura não é controlar as outras pessoas, desejando que compartilhem do que você considera um melhor estilo de vida, mas sim para encontrar seu próprio e eterno equilíbrio entre liberdade, crescimento e felicidade. Assim, outros talvez possam ser inspirados a encontrar seu próprio equilíbrio.

Como um ser físico, você acredita que a sua ação faz as coisas acontecerem. Você dá muita atenção ao fazer as coisas acontecerem por meio da ação. Você talvez tenha sido convencido de que a ação importa, com frases que ouviu, como: "Você tem de trabalhar muito se quiser ter alguma coisa", "A vida não vai ser dada a você, mas terá de conquistá-la", "Aqueles que trabalham duro conseguem mais do que os outros". Você dá tanta atenção ao fazer que tem uma agenda lotada. Tão cheia de afazeres, que você se sente limitado. Tão lotada, que você viola seu próprio sentimento de felicidade e alegria.

Nós observamos que, por causa de seu esforço de fazer muito, você trabalha contra si mesmo. Tenta produzir tanto que se torna uma criatura cansada, frustrada e estressada. E, a partir dessa posição de emoção negativa, irradia uma mensagem para o Universo que é o oposto do que realmente deseja. Você recebe, dessa maneira, pela Lei da Atração, exatamente o desejo que irradiou.

PROCESSO: SER, TER, FAZER
OU
CRIAR A PARTIR DO SEU INTERIOR

Esther estava se sentindo muito extenuada. Ela e seu marido haviam retornado de uns poucos dias de viagem e encontraram a caixa de e-mails e a secretária eletrônica lotadas. Como Esther estava meio atrasada com seu trabalho, sentiu-se exasperada e, a partir desse ponto de frustração, nos disse: "ABRAHAM, o que eu devo fazer?".

Nós lhe dissemos: "Aí está você outra vez agindo como ser humano, sempre querendo saber o que fazer. Como você gostaria de se sentir?".

"Eu queria me sentir livre e feliz e não me sinto livre e feliz quando tenho muita coisa para fazer".

Nós dissemos: "Aí está você, de novo agindo como um ser físico, dizendo para nós o que não quer quando lhe perguntamos o que você quer".

Esther riu e disse: "Eu quero me sentir livre e feliz".

Nossa resposta: "Muito bem, agora pense a respeito disso por uns instantes".

Esther sentou-se, fechou seus olhos e se imaginou descansando em uma varanda, degustando uma xícara de chá gelado, tendo ao lado seu marido também relaxado, ambos observando os esquilos e, imediatamente, ela se sentiu livre e feliz.

Então lhe dissemos: "Agora o que realmente você quer ter?".

"Eu quero ter um lar e um escritório limpos e bem organizados" — ela respondeu prontamente.

"Muito bem", dissemos, "agora reflita sobre isso por alguns dias. Não se lance a nenhuma ação, mas pense como você quer se sentir e o que deseja ter."

Em poucos dias Esther começou a sentir um fluxo de idéias. "Eu posso mover isto para cá, e aquilo para lá. Tal coisa posso delegar e outra eliminar." Ela ficava vagando pela casa cheia de feliz e excitada energia. Não, portanto, tentando arrumar as coisas a partir de um ponto de vista negativo, mas, sim, muito motivada quando as idéias apareciam. Ela estava sendo inspirada por seu desejo positivo, em vez de ficar patinando no ponto de vista anterior, atenta negativamente ao que lhe faltava.

VOCÊ NÃO PODE CHEGAR A UM FINAL FELIZ EM UM DIA MISERÁVEL!

De outra forma, nós oferecemos este processo de colocar-se em equilíbrio com você, ou de criar a partir de seu interior o Ser, o Ter, o Fazer, em vez de repetir o costume da maioria dos seres físicos, ou seja, lançar-se imediatamente à ação, sentindo frustração e atuando para consertá-la. Como não conseguem, sentem-se ainda mais frustrados e assim por diante, num gigantesco e negativo círculo vicioso.

Como você procura e encontra equilíbrio em seu interior, tudo o mais em sua experiência seguirá de forma bastante positiva. Quando você se desequilibra, quase nada faz com que se sinta bem. Assim, vivencia pouca satisfação ou mesmo sucesso nas coisas que tenta fazer, criar, terminar ou mesmo aproveitar.

A tríade de intenções muito bem estabelecida em seu interior é composta dos seguintes elementos: Liberdade, Crescimento e Felicidade. Quando você observa todas as atividades a partir da perspectiva da tríade — parando para identificar seu desejo de SENTIR-SE livre, e SENTIR-SE em crescimento, e SENTIR-SE feliz, tomando decisões à luz dessa tríade e também permitindo que a inspiração flua de você à ação que se seguirá — há harmonia em seu interior e em tudo que faz. Chamamos a isso de "criação interior".

Quando o ginasta está fazendo exercícios na trave e sente que perdeu o equilíbrio, ele não tenta fazer o salto ou completar a série de voltas que planejava. Sim, porque nessa situação ele poderá cair, tornando a situação ainda pior, portanto não continua sem antes se recuperar. Ele trata de parar, voltar atrás, recuperar o equilíbrio e só quando, de fato, logra o seu intento é que continua.

Quando você se encontra fora de equilíbrio — e sabe disso porque está sentindo emoção negativa —, não pode recuperá-lo se caminhar na direção negativa. Você tem que dar um passo atrás, encontrar seu espaço de equilíbrio antes de prosseguir, porque, de acordo com a Lei da Atração, como está se sentindo mal, olhando detalhadamente a sua situação, pensa muito sobre as especificidades que conduziram a essa posição negativa e, assim, atrai mais negativo, ou seja, mais daquilo que não quer. Mas dentro de você existe um lugar de equilíbrio. E quando encontra esse espaço, pode prosseguir adiante. À luz da Lei da Atração, somente agora você poderá trazer o que quer e não o que não quer.

Nossa amiga Esther teve um sonho extremamente claro. Nele, ela e seu marido estavam passeando numa rua bastante urbana, quando perceberam uma porta entreaberta, com um cartaz indicando "à venda". Ela se lembrou de sentir-se um pouco entediada e desmotivada, até mesmo crítica a respeito da aparência do lugar. Mas, encorajada pelo marido, entrou para ver o que estava à venda. Eles se encontraram diante do mais bonito aposento que já haviam visto. O teto era muito alto e arredondado, pintado com lindos desenhos. A entrada muito espaçosa era ligeiramente abobadada e esculpida. O piso era marchetado com madeira e pedras preciosas. Esther, maravilhada com a beleza do aposento, disse ao marido: "Eu quero isso". Ele concordou e comprou a casa. Então o sonho continuou muito rápido até que o casal mudasse tudo o que tinha para a sua casa nova. Subitamente Esther percebeu: "Esta casa não está na cidade onde eu quero viver. De fato, está na cidade onde eu não quero viver. Tudo a respeito dessa casa está errado, exceto que ela é muito bonita".

O sonho de Esther é um bom exemplo da criação que muitos vivenciam, porque freqüentemente tomam decisões que satisfazem só a parte superficial de vocês, enquanto sua ação ou decisão contraria a intenção que realmente é importante.

Freqüentemente, a partir de uma carência, você vê algo que imagina vá suprir essa lacuna e no momento em que sente satisfação por conseguir o que desejou percebe que isso contraria outras coisas que quer. Considerando todos os desejos sob a perspectiva de Ser, Ter e então Fazer, você nunca se sentirá satisfeito só com algumas de suas intenções.

Ambos os processos, "Ser, Ter, Fazer" e "Girar", são oferecidos para ajudar você a encontrar e manter seu equilíbrio.

Capítulo 11

A Lei da Atração

Nós estamos encantados de oferecer nosso conhecimento sobre as Leis do Seu Universo, porque entendemos que, apenas quando as compreende, você pode começar a usá-las, *deliberadamente*, a seu favor. Nossa explicação sobre as Leis do Universo pode oscilar de algo extremamente complexo ao mais simples possível. Sabemos que nossa capacidade de ensinar não depende apenas do que sabemos, mas também da habilidade para chegar a quem procura esse conhecimento. Nossa eficácia como professores repousa na capacidade de entender o que você capta, assim podemos oferecer a informação que faz sentido. Por essa razão, estamos acessando continuamente a maneira como os homens olham para as coisas, para a partir daí oferecer nosso conhecimento. Com certeza, você já internalizou que o gênero humano envolve uma imensa quantidade de informações, perspectivas, crenças, desejos e experiências — assim, o que nós escrevemos, até mesmo o que sabemos, é mais facilmente recebido por uns do que por outros.

Nós fomos literalmente convocados por você por meio do seu equilíbrio de pensamento, de intenções e crenças. Ter este livro em suas mãos é a evidência física disso.

Quando você veio viver neste planeta, aceitou algumas leis terrenas, reconhecendo que o afetavam exatamente da mesma forma: porque aceitou a lei da gravidade e por essa experiência de vida você a entendeu, agora é capaz de utilizar isso plenamente a seu favor.

Nós aqui estamos desejando lembrar a você outra lei. É uma lei, como a da gravidade, que afetará você, independentemente do fato de ser ou não entendida, ser ou não aceita. Enquanto a gravidade afeta sua experiência de vida terrena, a lei que estamos prestes a explicar afeta toda a experiência física ou não-física. Essa lei é eterna ou para sempre, é infinita ou válida para qualquer lugar, e é a mais poderosa e mais importante lei que você jamais conheceu. É "A Lei da Atração".

Assim, nós definimos a LEI DA ATRAÇÃO: a base da existência. A mais poderosa lei do Universo. O pilar do crescimento.

A Lei da Atração é o fundamento para a harmonia Universal. Ela literalmente envolve seu planeta, e tudo o mais que existe, em equilíbrio perfeito. Ela permite a existência no presente da mesma forma que nosso crescimento.

A Lei é tão simples e transparente que é surpreendente que muitos dos nossos amigos físicos não apenas são incapazes de entendê-la, como acreditam em algo que é seu exato oposto. É como se acreditassem numa inexistente "lei da afirmação". Quando olham para sua experiência pessoal e preferem dar crédito a alguém pelo que recebem, estão falando de afirmação e isso simplesmente não existe. Você é a ÚNICA fonte de atração para sua experiência. *Nenhuma outra pessoa pode interferir na sua experiência. Só você pode atrair e receber o que vivencia.*

Você é a pessoa que atrai tudo o que vivencia. Mesmo que algumas vezes pareça que recebe influência de outra pessoa — é você o ímã dominante sobre tudo que lhe acontece.

Quando você pensa em algo que deseja, com muita intensidade, e sente excitação ou alegria, a combinação de sua escolha, pensamento direto e emoção positiva correspondente está, neste momento, trazendo exatamente o objeto desse pensamento e emoção.

Quando você pensa em algo que não quer ou na falta de algo que deseja, e sente desapontamento ou raiva, essa combinação de escolha, pensamento e emoção negativa neste instante lhe trará o objeto desse pensamento e dessa emoção.

A conjunção entre seu pensamento e a emoção correspondente equilibra sua experiência de vida. Se você está querendo entender o que acontece com o seu pensamento, apenas dê uma olhada no que está vivendo agora. Se quer mudar este estado atual das coisas, só terá de alterar o equilíbrio de seu pensamento.

O PONTO EM QUE VOCÊ ESTÁ NESTE MOMENTO É RESULTADO DOS PENSAMENTOS E SENTIMENTOS QUE TEVE ANTES, MAS O ESTADO PARA O QUAL ESTÁ CAMINHANDO É CONSEQÜÊNCIA DE SUA PERSPECTIVA SOBRE O QUE VOCÊ É AGORA.

Alguns de vocês dizem: "ABRAHAM, você diz que posso ter o que quero, e que esse desejo é o início de toda criação deliberada, mas, embora eu deseje muito mais dinheiro do que tenho, essa riqueza não está vindo. O que estou fazendo de errado?".

Nós explicamos: "É importante que você compreenda o equilíbrio de seu pensamento a respeito do assunto dinheiro.

Você está apenas querendo o dinheiro? Se está, você se sente muito bem toda vez que se aproxima desse objeto. Ou está pensando mais na falta do dinheiro que deseja? Se o caso for esse, você se sente mal, ou vivencia emoção negativa enquanto está pensando sobre dinheiro. A maneira que você predominantemente olha esse tema é o indicador de seu verdadeiro balanço de pensamento a respeito, da mesma forma que sua vida também é um resultado disso".

O PROCESSO DA CARTEIRA PARA ATRAIR DINHEIRO

Se você chega à conclusão de que seu pensamento, no assunto dinheiro, pende mais para a falta dele, do que puro desejo de tê-lo, aqui está um processo efetivo que vai ajudá-lo a ajustar o equilíbrio.

Reserve, de seu orçamento ou poupança, uma quantia de dinheiro. R$ 100,00 (cem reais) é uma boa medida para começar. Coloque esse dinheiro no bolso, na carteira ou na bolsa, e mantenha-o aí onde quer que você vá. Enquanto vivencia seu dia, identifique quantas coisas é possível fazer com esse dinheiro, se quiser. Liste o que você pode comprar, usar, experimentar ou comer em troca dessa quantia. Alguém pode nos criticar: "ABRAHAM, você obviamente não teve uma experiência física recente, porque R$ 100,00 representam muito pouco hoje"; porém, se mentalmente gasta esses R$ 100,00 centenas de vezes hoje, você chega a um total bastante vultoso e nós afirmamos veementemente que isso muda o balanço de seu pensamento.

Preste atenção em seus próprios pensamentos a respeito do tema dinheiro. Se percebe que registra as coisas que não pode ter, sentindo frustração por isso, está expandindo o lado carência no seu equilíbrio de pensamento a respeito. Se sente inveja ou raiva porque outros têm o dinheiro que lhe falta, da mesma forma acrescenta falta ao balanço. Quando paga suas contas, você se sente bem ou mal? Quando o dinheiro vem para sua mão, esse momento é positivo ou negativo?

O processo da carteira, que descrevemos e sugerimos, vai ajudar você a mudar o balanço de seu pensamento a respeito de dinheiro e, quando o equilíbrio estiver estabelecido, terá muito mais dinheiro fluindo para sua experiência de vida.

Isso é Lei.

Capítulo 12

Processo de criação deliberada

Não existe fim para o processo de crescimento, mudança ou criação. Literalmente, cada pensamento dedicado contribui para o que você está vivendo. Mas, porque vivem na mesmice, funcionam mais a partir de hábitos arraigados ou agem sob influência alheia, muitas pessoas sempre pensam a mesma coisa, segmento por segmento de seu dia-a-dia, portanto o que estão vivendo realmente muda muito pouco.

Há quem nos diga: "ABRAHAM, não posso acreditar que eu seja o Criador de minha própria experiência, porque se fosse não teria feito tal coisa, tão terrível para mim". E nós respondemos: "Não queremos dizer que você faz isso deliberadamente, mas sabemos muito bem que tudo é obra sua".

Nós chamamos isso de "criação por omissão". Trata-se de aplicar com ignorância as Leis do Universo, e ter resultados que você não quer. Certamente há a tendência de negar sua responsabilidade quando você criar algo que não deseja. Mas, se não for capaz de assumir total responsabilidade por tudo o que está vivendo — ambos os eventos, positivos e negativos —, você não pode reconhecer sua verdadeira liberdade. Enquanto acre-

ditar que alguém ou alguma coisa externa está controlando você ou criando, de fora, algo na sua experiência, não é livre e sim vinculado aos caprichos, desejos e crenças alheios.

VOCÊ EXISTE EM UM UNIVERSO DE ABUNDANTE E ABSOLUTA LIBERDADE E É VERDADEIRAMENTE LIVRE. É TÃO LIVRE QUE CADA UM DE SEUS PENSAMENTOS AFETA SUA VIVÊNCIA INDIVIDUAL. NÃO HÁ MAIOR LIBERDADE QUE ESSA!

Assim, seu trabalho, enquanto permanece nesta magnífica realidade física, é pensar deliberadamente para ser, ter e fazer o que é importante e correto para você.

O processo de criar a sua experiência de vida é contínuo, porque sempre está pensando, mas ao observar o mundo físico percebemos que a maioria de nossos amigos humanos não tem pensamentos deliberados. Acreditamos que isso se deva à falta de entendimento das Leis do Universo e de seu próprio Guia de Orientação.

Você está criando continuamente. De fato, não pode desligar esse mecanismo criativo. Mas, com certeza, pode sim — por intenção deliberada — fixar seus pensamentos na direção das coisas e experiências que deseja, em vez de insistir nas lamentações, nas carências, no oposto do que quer.

Portanto, em vez de colocar como título deste segmento do livro A Lei da Criação, decidimos batizá-lo de A LEI DA CRIAÇÃO DELIBERADA, porque achamos que você está querendo compreender como criar, propositalmente, o que deseja, presumindo que não está, por vontade própria, criando o que não quer.

O Processo de Criação Deliberada tem duas mãos: envolve o pensamento que você projeta e o sentimento correspondente que o acompanha. Você oferece o pensamento a partir de sua consciente perspectiva física e seu ser interior gera o sentimento compatível. Assim, você literalmente está co-criando: você, o seu ser físico, e você, o interior, o seu ser não-físico.

Seu ser físico traz para a criação os detalhes, intenções e crenças do tempo e espaço presentes. Seu ser não-físico oferece as mais íntimas intenções que você acalenta a partir dessa perspectiva e ajuda a entender a harmonia entre o desejo corrente, ou intenção, e as suas crenças a respeito do tema. Se você presta atenção à maneira como se sente, pode utilizar essa orientação para assisti-lo a tomar decisões perfeitas a cada passo do caminho para criar, ou modelar, esta experiência de vida física.

Quando você coloca a ênfase no "fazer", trabalha a criação às avessas, mas se começa por identificar como quer se sentir e depois focaliza o que você quer ter, com uma profunda inspiração para fazer, então estará criando a partir de seu interior. É dessa forma que você literalmente se equilibra. Se trabalhar assim, utilizando esse processo, nunca se verá agindo de um ponto de vista negativo, tentando conseguir algo que é ruim ou mesmo tratando de compensar a balança desde uma posição deletéria. Você sempre estará em uma posição positiva, que cada vez se torna mais clara.

Você estará vivenciando o equilíbrio de seus pensamentos, pois ao formular cada um deles assim se sentirá e a combinação de ambos equaliza sua criação. Você está pensando em muitos níveis, sobre diferentes facetas de fases de sua experiência. Em um dia, ou mesmo em uma hora, você pode pensar sobre uma série de distintos temas, como seu lar, suas relações, seu corpo, suas finanças, a organização de sua casa ou escritório, seus filhos e as amizades que eles têm, pessoas de seu círculo social ou do ambiente corporativo em que você se insere. ...

Você também costuma pensar no que está fazendo agora mesmo, ou sobre o dia de ontem, ou ainda sobre o que aconteceu no ano passado, quem sabe lembrando alguém com quem se relacionou há muito tempo. Você pensa sobre o que vai fazer mais tarde ou amanhã, às vezes na direção que imprime à sua vida... Em resumo, seus pensamentos se movimentam entre uma série de temas, seja do presente, do passado ou do futuro... Alguns são claros e enfáticos, enquanto outros são tão sutis que quase passam em branca nuvem. E o equilíbrio de tudo isso é o que você está vivendo agora. Seu estágio atual é o resultado de seus pensamentos e sentimentos.

Quando compreende que você cria sua própria experiência, pelos pensamentos que produz, ou seja, do que atrai, então facilmente pode fazer a correlação entre o que vivencia neste momento e como chegou aqui. Com que freqüência, quando algo acontece, você diz: "Eu sabia que isso ia acontecer"? *Nós sabemos muito bem, sem nenhuma dúvida, que você sempre sabe o que está para vir, em algum nível — sim, porque quem cria cada parte de sua vida é você.*

Permanecer no presente, olhando para a frente com a deliberada intenção e antecipação do que virá, é infinitamente mais gratificante do que ficar olhando para trás, reconstituindo cada passo para chegar ao que é hoje. De qualquer forma, nos primeiros estágios do processo de entender que você é quem cria sua existência, é até útil lembrar o passado, até mesmo para se convencer, de uma vez por todas, que VOCÊ está fazendo tudo isso. Quando alguma coisa maravilhosa acontece, pare e tome pleno conhecimento de que foi você quem fez, identificando o pensamento e o sentimento que lhe trouxeram essa maravilha. Da mesma forma, observe os eventos que vivencia mas não deseja e trate de perceber como fez esse caminho. Para evitar o mesmo engano.

ASSUMA A RESPONSABILIDADE SOBRE O QUE LHE ACONTECE e, sob a luz desse controle, você encontrará sua gloriosa e gratificante liberdade para trazer ao futuro todas as coisas magníficas que pode imaginar.

Isso é Criação Deliberada. Primeiro, assumir que você é quem cria sua experiência, e então propositalmente colocar fortes pensamentos na expectativa de receber o que desejou, em seus pensamentos.

Nós exultamos ao perceber que muitos de nossos amigos físicos querem entender a Lei da Criação Deliberada. E não há melhor maneira de saber do que se trata, senão avaliando a própria experiência de vida. Quando você percebe a completa associação entre seu pensamento e sua ação e o que está vivendo, começa a entender como as coisas se concretizam. Você não veio para este magnífico lugar e tempo e neste maravilhoso corpo físico para ficar vagando por aí na tentativa de perceber o que aconteceu e como.

VOCÊS, SERES HUMANOS, SÃO CRIADORES! Escolheram este tempo e lugar, especificamente, para aplicar as Leis do Universo, para criar, aqui, no plano físico. Vieram para esta experiência em equilíbrio perfeito e observam e absorvem as informações que lhes chegam, trabalhando para decidir e concluir e se concentrar de maneira proposital.

O planeta em que estão vivendo foi criado da mesma forma: informações foram observadas, absorvidas, avaliadas e então as conclusões foram tiradas e as decisões, feitas. E como você agora tem esses olhos físicos, seu trabalho é levar a criação adiante, por meio dos pensamentos e sentimentos que tem, a todo momento.

Você veio em busca de felicidade e experiências para seu próprio crescimento e evolução, em contínua expressão de sua eterna liberdade para ser.

- VOCÊ NÃO ESTÁ AQUI PARA SER TESTADO OU AVALIADO. **Você está aqui para criar.**
- VOCÊ NÃO ESTÁ AQUI PARA DESCOBRIR O CAMINHO QUE ALGUÉM JÁ TRILHOU ANTES. **Você está aqui para criar seu próprio caminho.**
- VOCÊ NÃO ESTÁ AQUI COMO UM SEGUIDOR DAQUELES QUE DESCOBRIRAM VERDADES QUE VOCÊ TEM DE SEGUIR, AGORA, ACOMPANHANDO OS PASSOS DELES. **Você é a verdade, seguindo uma trajetória de felicidade e evolução.**

Nós queremos oferecer a você uma profunda perspectiva da palavra "criação". Quando dizemos "Você é o criador de sua própria experiência", muitos dos nossos amigos físicos têm uma estreita e pequena noção do que queremos dizer com ela. Vocês tendem a não olhar longe o suficiente.

A partir de sua perspectiva física, quando você se esforça para ser mais deliberado em sua criação, freqüentemente trata de mensurar todo o progresso ou êxito pelo que conquista.

O TROFÉU MÁXIMO É A FELICIDADE!

Embora a transcendência desta experiência seja de vital importância, e porque seus sucessos concretos sejam essenciais para a sua realização como corpo físico, queremos enfatizar que TUDO O QUE TEM E FAZ É PARA A EVOLUÇÃO DE SEU ESTADO DE ESPÍRI-

TO. Em outras palavras, tudo o que você sabe, Tudo-O-Que-Existe na sua realidade física — inclusive seu próprio corpo — é para expandir seu estado de espírito. É SOMENTE PARA AMPLIAR O MODO COMO VOCÊ SE SENTE.

PORTANTO, NOSSA DEFINIÇÃO DE "CRIAÇÃO DELIBERADA" É: A CONSCIENTE E DELIBERADA OFERTA DE PENSAMENTOS COM A INTENÇÃO DE ABRILHANTAR O ESTADO DE ESPÍRITO. ***E porque você está em contínuo e eterno estado de crescimento, não há fim para seu trabalho criativo.***

VEJA BEM: A BASE DE SUA VIDA É A LIBERDADE ABSOLUTA. O OBJETIVO DA VIDA É A FELICIDADE ABSOLUTA E O RESULTADO DA VIDA É O CRESCIMENTO ABSOLUTO.

Capítulo 13

Seu momento de poder é agora

Quando você fixa uma meta a conquistar, como uma casa nova, outra configuração de seu corpo (com redução de medidas, por exemplo) ou um novo trabalho — e realmente consegue êxito em seu intuito —, normalmente entende mal, pensando que essa casa, esse corpo ou esse emprego são o objetivo da criação, quando na verdade o alvo é seu estado de espírito. Nesta experiência física você usa a casa, o corpo ou o cargo para facilitar seu estado de espírito — mas eles não são o ponto máximo de sua criação, frisamos.

VOCÊ É O TEMA, O SUJEITO DE SUA CRIAÇÃO. SEU ESTADO DE ESPÍRITO — OU O MODO COMO SE SENTE — É O ALVO DE SUA CRIAÇÃO.

Se observar seu estado de espírito, terá um claro entendimento de como está caminhando na criação de você mesmo.

Se você deliberadamente identificar a maneira como quer sentir ou ser, será mais eficaz ao alcançar o que veio buscar quando adotou este corpo.

O escultor de uma obra-prima não obtém a máxima satisfação do trabalho terminado. Quando acaba, ele fica naquele patamar de felicidade por um breve momento, ansioso por começar um novo projeto. Sua felicidade se concentra no que está por vir. Sua criação não é a obra-prima. Ele é o criador de si mesmo. Ele não está procurando a perfeição na obra em si, mas sim em seu próprio aperfeiçoamento, evolução. *Ele é o criador de um criador de obras-primas!*

Ele é um criador que usa seus pensamentos para contornar a energia do Universo. Um criador que conta com a vantagem de ter um Sistema de Orientação para orientá-lo a reconhecer como ele está utilizando a energia universal. Um criador que tem absoluta liberdade para ir em busca de seu crescimento e de sua felicidade. Um criador que está em uma eterna jornada de evolução e aventura. Um criador que escolheu o processo desta experiência de vida física para viver, amar e crescer. Um criador que oferece benefícios a Tudo-O-Que-Existe como cada um de seus pensamentos, palavras ou experiências. Um criador que só poderá entender seu valor para o Tudo-O-Que Existe quando perceber seu próprio valor. Um criador que compreende isso fazendo escolhas em pensamentos, palavras ou ações — capazes de lhe despertar sentimentos positivos — e que está, a cada momento, adicionando experiência ao Universo, de maneira positiva. Um criador que pode escolher o que quer trabalhar: a engenharia, a música, a arte, a renovação, ou, da mesma forma, o trabalho de viver, rir, amar, o trabalho, enfim, de ser a pessoa mais feliz que seja capaz de ser em cada momento do dia e em uma existência inteira.

Na verdade, você existe para encontrar sua felicidade por meio de milhares de experiências, mas deve *procurar* a intenção ou o desejo que deve ser encontrado. Se não estiver disposto a, primeiro, buscar sua própria felicidade, possivelmente não será capaz de encontrá-la e, neste caso, também não poderá oferecê-la a ninguém.

VOCÊ ESTÁ, NESTE EXATO MOMENTO, NA POSIÇÃO DE CRIAR. Não é algo que está tentando fazer. Ou espera realizar um dia. Não é algo que fará mais tarde, quando conseguir colocar as coisas onde acha que devem estar. Você está, agora, no processo de criação.

Se, neste instante de sua experiência de vida física, você sente emoção positiva, neutra ou mesmo nenhuma, está recebendo a informação aqui registrada claramente, sem resistir às palavras que lê. De outra forma, se estiver, agora mesmo, sentindo tristeza ou desconforto em relação a algo que viveu recentemente, talvez imagina que nossa mensagem não encontra eco em seu interior. Nós reconhecemos que é mais fácil aceitar o papel de criador quando você está vivenciando algo positivo. Às vezes, você está se sentindo mal e continua nesse estado, remoendo o que gerou a dor, pensando que sairá dessa mais tarde, mas por ora prefere permanecer aí mesmo, refletindo a respeito. Muitos de vocês acreditam que estão "adiando" sua criação para um momento em que estiverem se sentindo melhor — *MAS NOSSA MENSAGEM É QUE VOCÊ NUNCA "ADIA" SUA CRIAÇÃO. Você está no modo de criar sempre que estiver pensando e a emoção que sente é o sinal para que saiba em que direção está criando.*

Os seres humanos geralmente acreditam que podem colocar sua criação em estado de espera, porque estão certos de que criam mediante ação. Por isso, quando escolhem passar um dia inativo, mas profundamente envolvidos em pensamentos e sentimentos, acreditam que suas criações estão suspensas, mas realmente não é esse o caso. *A QUASE-TOTALIDADE DE SUA CRIAÇÃO É FEITA POR SEUS PENSAMENTOS E SENTIMENTOS CORRESPONDENTES, NÃO PELA AÇÃO.*

Definimos "ação" como um movimento físico. A partir de nossa perspectiva, consideramos que a ação tem muito valor somente quando serve ou concorre para uma grandiosa intenção. A ação é mais produtiva quando inspirada por um amplo propósito que foi deliberadamente identificado. A maior parte dos seres humanos não entende isso, portanto continua mais focada em agir, sem considerar, ou mesmo definir muito bem, sua intenção.

Por "intenção grandiosa" entendemos aquela que deriva de seu estado de espírito. Algo como liberdade, evolução, felicidade. *Antes de agir, ao perguntar: "Este movimento expandirá meu estado de espírito?", você sempre poderá saber se aquela ação é realmente apropriada.*

Quando você entende que não é sua ação que faz a diferença em sua experiência de vida, mas seu sentimento predominante, então é capaz de agir na perspectiva certa. Porque é verdade que essa ação pode afetar seu estado de espírito e porque esse estado de espírito. Portanto, é infinitamente mais indicado para sua criação que, antes de tudo, você identifique seu estado de espírito e, em seguida, seu estado de ter o propósito em vista — e, por último, qual a ação mais indicada.

O equilíbrio de seus desejos e expectativas cria dentro de você a estabilidade de pensamento e sentimento, e é a partir desse ponto que você atrai. Se a combinação de suas ações, palavras e pensamentos o conduz a um espaço de bem-estar, então, por seus próprios padrões, sua vida fluirá muitíssimo bem. Ao contrário, se a combinação de ações, palavras e pensamentos leva você a sentir insegurança, acima de tudo, ou mesmo inferioridade ou, ainda, desapontamento, então, pelos próprios padrões, sua vida não andará lá muito bem.

Muitos de nossos amigos físicos agem primeiro e permitem que sua ação afete a maneira como se sentem. E como seus sentimentos são o ponto de atração, concluem que as ações, ou o que fazem, é mais importante para sua experiência de vida. Você pode se movimentar mais rápida e efetivamente em direção ao sucesso que procura na vida dando mais atenção e ênfase à maneira como se sente, ou a seu estado de espírito, em vez de priorizar a ação, como de costume. E ao identificar o estado de espírito que pretende, você terá a inspiração para agir da maneira mais apropriada.

AGIR PARA SER NÃO É TÃO EFETIVO COMO SER PARA AGIR.

Toda ação em curso, enquanto você está em um estado de espírito negativo, é contraproducente para seu objetivo de sucesso.

Toda ação em curso inspirada quando você está com o foco ajustado em seu positivo objetivo de liberdade, evolução e felicidade estará em total harmonia com o que pretende obter.

Quando você age sob uma sensação negativa, está trabalhando contra seu próprio afã de liberdade, evolução e felicidade, não importa qual objetivo esteja em cena, seja saúde, riqueza, relações humanas ou o que for. Em outras palavras, quando você vai para o trabalho sentindo repugnância pelo que vai fazer, apenas porque sem esse emprego também não terá acesso ao dinheiro, e isso seria bem pior, então esse sentimento negativo é o fator predominante — e, a partir desse estado de espírito, atrairá mais e mais razões para ampliar seu repúdio. De outra forma, se em vez de agir primeiro, impregnado por esse triste estado de espírito, identificar sua busca por liberdade (e o dinheiro que irá ganhar é sinônimo de liberdade para você), por evolução (sua interação com outras pessoas sempre lhe traz novos conhecimentos), e por felicidade (você pode encontrá-la sempre, seja qual for a direção de seu olhar), será inspirado para uma ação que se harmonizará com suas principais intenções.

VOCÊ ATRAIRÁ O CORRESPONDENTE AO QUE É E AO QUE ESTÁ. Portanto, enfatize sobre ser e sentir como é o seu desejo e deixe sua ação ser guiada por isso. Agir para mudar sentimento é contraproducente, não funciona.

Recentemente, um jovem entrou em contato conosco. Estava desolado, porque acabara de receber a notícia do falecimento de sua mãe. Ele disse: "ABRAHAM, ela não deveria ter morrido. Era uma mulher muito saudável. Fazia ginástica aeróbica três vezes por semana e usava todo tipo de suplementos alimentares e vitaminas, além de comer apenas o que era mais saudável. Como isso pôde acontecer?". Nós explicamos que ela estava agindo dessa maneira, com exercícios e alimentos, para compensar uma profunda sensação de falta de saúde. Se você age a partir de seu sentimento de carência, confere ainda mais poder a essa falta.

Com certeza, você já deve ter visto gente que, sentindo-se insegura, age agressivamente. Tenta compensar com isso a idéia de que está sempre em perigo, aumentando com isso a insegurança e o risco. Sua carência é justamente o ponto de atração, porque há uma fixação do pensamento nisso. O que pessoas assim têm de fazer é focalizar seu desejo de sentir-se seguras, como primeiro passo; a ação subseqüente será sempre inspirada pela expansão de seu sentimento de segurança.

Quando você deseja intensamente algo que acha que não terá agora, comumente sua tendência é entrar em ação para tentar obter essa coisa. A raiz disso é um desejo inato de ter valor, e de mover-se em direção ao que se quer. Observamos que, freqüentemente, o movimento feito a partir da sensação de falta afasta-o ainda mais do seu objetivo. Ou, melhor dito: *Você atrai a falta do que deseja exatamente por causa do sentimento de carência que iniciou todo o episódio.*

Você já deve ter conhecido alguém com baixíssima auto-imagem ou auto-apreciação. Porque esse tipo de pessoa tem profundo e muito forte desejo de valorizar-se e gostar-se, com freqüência se comporta de maneira que pareça mais importante: costuma criticar os outros, no esforço de gostar um pouco mais de si mesmo. Pela mesma razão, fica sempre tentando encontrar (e apontar) falhas alheias. Mas esse tipo de atitude não leva a criatura para onde deseja ir. Porque, pelo poder da Lei da Atração, quando alguém é crítico demais, também é criticado e, assim, em vez de ganhar alento, fica com o moral ainda mais rasteiro.

Outro exemplo: Você já deve ter observado alguém que deseja demais ter sucesso financeiro, mas não consegue. Como fica focado na falta do que quer, não sai do lugar, então trata de atentar para as derrotas de outros, para sentir-se mais forte. Mas, ao fazer isso, ele apenas se convence de sua própria vulnerabilidade. Em vez de ampliar sua força com esse exercício, sente-se ainda mais fraco e mostra-se mais crítico. A fraqueza atrai mais fraqueza e a crítica também suscita crítica — assim, o sucesso tão desejado torna-se muito distante.

Outro exemplo: Alguém quer mais dinheiro em sua vida. Trata de ficar analisando sua conta, com o olhar sobre os débitos, e se sente desmotivado. Decide — a partir desse ponto de desmotivação — que não quer mais continuar vivendo desse jeito, sempre às voltas com a falta de dinheiro para adquirir coisas que deseja; então resolve arrumar um segundo emprego. Mas a partir dessa perspectiva, tentando consertar algo que está errado, atrai somente situações negativas.

Outro exemplo: Uma mulher quer ter saúde. Ela está preocupada com doença, até porque observou muitos casos de enfermidade ao seu redor. Enquanto permanece focada nos perigos das moléstias, ela manifesta firme disposição de permanecer bem. Assim, a partir de um ponto de preocupação, quer manter-se bem. Ela acompanha essa decisão com exercícios físicos diários, vitaminas e minerais suplementares e comendo apenas alimentos saudáveis. Mesmo assim, sua saúde declina. Exatamente porque a decisão foi tomada para compensar seu sentimento de vulnerabilidade. Seu ponto de atração, portanto, é esse foco negativo.

Queremos que compreenda, em razão desses exemplos, que, se você age para compensar carências, essa sua atitude só potencializará as carências.

Quando você se esforça para ser algo que acredita não ser, não atingirá seu objetivo. Primeiro, é preciso crer que é. Você deve sentir que pode ter sucesso para satisfazer esse desejo. Você precisa agir como pessoa próspera para atrair dinheiro. Você tem de se sentir uma pessoa saudável para sê-lo.

Oferecendo 99% de atenção para trazer ao seu interior um sentimento positivo a respeito do que você procura e o restante 1% para uma ação devidamente inspirada, estará numa posição de poder para permanecer saudável, com uma permanente e feliz condição de vida.

Outro exemplo: Um jovem quer ficar muito rico. Quando ele dá uma olhada em seu orçamento, percebe que está muito longe disso, com um saldo de cerca de R$ 1.000,00, mas, em vez de ficar pensando na falta de muito dinheiro, ou na diferença entre o que tem e o que pretende, focaliza sua atenção nos R$ 1.000,00 que efetivamente possui. Ele imagina quantas coisas pode adquirir com essa quantia. Muitas vezes aplica esse valor em compras, várias vezes ao dia. Pelo fato de valorizar o que tem, em vez de lamentar o que ainda não obteve, ele tem uma sensação de prosperidade e, a partir deste ponto, atrai oportunidades e circunstâncias para alavancar sua pequena poupança em uma grande reserva.

Outro exemplo: Uma mulher quer ter um saudável e lindo corpo. Quando se olha no espelho, ela admite que está bem acima do peso. Mas, em vez de ficar preocupada com isso, presta atenção em seus atributos físicos interessantes. Toma consciência de como é forte. Vê que tem uma pele suave e luminosa. Percebe também como o seu corpo reage rapidamente às suas decisões em termos de energia. Prestando atenção às coisas que a agradam em seu corpo, em vez de lamentar as que não lhe satisfazem, começa a se sentir mais bonita e a partir dessa atitude ela conquista sua própria imagem de beleza.

Você já deve ter tido a experiência de não se sentir bem a seu respeito quando outra pessoa aponta algo que o leva a dar uma profunda olhada em si mesmo. Em outras palavras, é muito comum que uma observação alheia negativa leve-o a uma atitude autocrítica. Você se beneficiará muito ao interagir com quem enxergar as suas expectativas. Pode ser muito deprimente para sua auto-estima viver cercado de gente que não vê suas qualidades. O que você usualmente não percebe é que esse tipo de atitude alheia tem muito pouco a ver com você, mas sim com o que essa gente sente a seu próprio respeito. Portanto, se se avalia através dos olhos de outras pessoas, tende a ser ainda mais rigoroso na crítica.

Nós recomendamos que você tenha como prioridade sua própria opinião a seu respeito. O ideal é que se esforce bastante em observar-se com a intenção de descobrir coisas maravilhosas. Permita que essa sensação boa se expanda. Porque sabemos muito bem que essa sensação positiva será seu grande ponto de atração. A partir de uma perspectiva de auto-estima você atrairá todo tipo de coisas excepcionais. Ao gostar de si, você se permite atrair tudo o que é bom.

E a partir desse ponto de vista você não só atrairá o que lhe traz grande satisfação como também terá equilíbrio para ver as mesmas maravilhas nas outras pessoas, incentivando-as a ter a mesma atitude.

Nós temos sido acusados de ensinar *egoísmo*, como se estar atento a si mesmo fosse uma coisa negativa. Sabemos muito bem que tudo o que você nota é através dos olhos do ego, assim não há nada mais importante do que manter o saudável equilíbrio do seu próprio ser.

QUEM NÃO SE AMA NÃO TEM AMOR PARA OFERECER AO OUTRO. Quem não está feliz não pode oferecer alegria ao outro. Você simplesmente não pode proporcionar nada que não tenha.

A maneira como você se sente é o que irradia. Da mesma forma é o que atrai e com isso influencia não só o mundo, mas o próprio Universo.

Todos os seres físicos e não-físicos recebem os benefícios do que você sente.

Se você resiste à idéia de que esse tipo de ação não é significativo como imaginava, é porque está olhando para sua experiência de vida somente por uma perspectiva física. Todos os dias desta sua vivência, você esteve totalmente imerso nela, acreditando que consegue perceber, por meio de seus sentidos físicos, tudo que é realmente importante. De sua estreita visão essencialmente física, é lógico que você acredita que a ação é mais importante do que o conhecimento ou a criação. Assim, olhando para trás em sua vida, observando acertos ou falhas, você faz a correlação entre sua ação e seu sucesso. E você não é a única pessoa a julgar-se. Há todos aqueles que vieram antes, e os que o rodeiam.

Portanto, olhando para a experiência passada — ao analisar seu presente estado —, você vai considerar não apenas a ação que acredita ser diretamente relacionada com seu sucesso ou falha, mas também a correspondência entre a maneira como estava se sentindo durante essa ação, e assim descobrirá o poderoso conhecimento que reside nessa atitude. *Nós temos absoluta certeza de que a maneira como você se sente é seu ponto de atração dominante, e se sua ação não estiver em harmonia com seu sentimento ela será contraproducente e não suficientemente poderosa para fazer uma real diferença.* Por exemplo, se está se sentindo incapaz e desafortunado, comparando-se a outras pessoas que conquistaram mais coisas físicas, ou têm mais *status*, não há ação suficiente no mundo para compensar esse poderoso sentimento de carência. É por isso que você vê tantos se empenharem demais, com trabalho pesado e inúmeras horas de dedicação, para obter resultados insignificantes ou mesmo a estagnação, enquanto outros, que parecem se esforçar ou agir muito pouco, freqüentemente seguem adiante, mantendo essa atitude tão leve.

A ação que é inspirada a partir de uma consciência positiva a respeito do que você quer é sempre feliz. A ação inspirada a partir de uma atitude negativa nunca é gratificante.

Em ambos os casos existe uma ação, mas há uma grande diferença no resultado, assim como na alegria vivenciada durante a ação. Você simplesmente não pode ter um final feliz para uma jornada infeliz. Isso desafia a Lei.

A INSISTÊNCIA NOS PADRÕES

Temos observado muitos seres físicos tentando motivar outros. Sem dúvida, você também já viu isso, porque existe em toda a parte: empresários tentando motivar empregados, pais tentando motivar crianças, professores tentando motivar estudantes, vendedores tentando motivar os clientes a fazer compras. Em muitos casos o que eles oferecem é um cenário negativo e esperam obter uma ação para resolver ou prevenir o problema. O empregador lhe entrega orientação e metas. Você sabe que se não conseguir cumprir as metas perderá o emprego. Então você age, não porque está entusiasmado, mas porque se não agir da maneira prescrita será despedido. Se perder o emprego, não terá dinheiro suficiente para honrar compromissos e os credores passarão a persegui-lo e sua família sofrerá. E assim esse rosário de dificuldades só fará piorar, levando a um estado de desespero, capaz de conduzir ao crime, ou à perda de liberdade. Você age. De fato. Mas, a partir de um ponto de vista que só lhe trará mais privações. Você age a partir da miséria.

Seus pais têm uma filosofia de vida específica. É uma combinação do que os pais deles acreditavam com o que eles vivenciaram. Na maioria dos casos ambos não estavam muito distantes, porque seus pais plantaram a semente de expectativa a respeito do que estavam vivendo. E quando você chegou, começaram lhe passar essa filosofia. Eles tinham expectativas a respeito do seu comportamento, e você, desde a mais tenra idade, soube quais eram elas.

Seus pais não entenderam que você tinha uma grande necessidade íntima de harmonia e na maioria dos casos acreditavam que se você descobrisse as coisas por si mesmo poderia dar com os burros n'água. Assim, com a intenção de protegê-lo do que acreditavam ser errado, mau ou prejudicial, eles ofereceram orientação ou regras de comportamento. Se quebrasse uma delas, você colheria resultados negativos. Seus pais ficariam bravos ou desapontados, e o puniriam. *Assim, você modificava sua ação para moldar-se às regras — ou para convencê-los de que as estava seguindo —, portanto, não a partir da positiva necessidade de harmonia, mas de seu negativo conhecimento das repercussões que haveria caso saísse da linha. Você agia. De fato. Mas não a partir de uma perspectiva feliz.*

O sistema educacional definiu um padrão que você deveria seguir. "Aqui estão as regras de comportamento, e esperamos que as cumpra". Como você tem um grande desejo de crescimento e aprendizado, e como talvez veja a sala de aula como um paraíso satisfatório para realizar esse desejo, normalmente fica com uma visão distorcida. Então, fica preso a um sistema que lhe diz: "Se você não fizer isso, será punido. Se não fizer isso, não vai se formar. Se você não fizer isso, não terá sucesso". *Então você perde seu jovial sentido de aventura e evolução relativamente cedo — e age. De fato não a partir de sua própria natureza, mas de uma perspectiva de repercussões negativas se não andar na linha.*

O vendedor tem algo e espera que você compre. Ele sabe o valor do produto, mas não confia que você seja bastante esperto para ter a mesma visão, assim ele trabalha com muito afinco para convencê-lo, mas a partir de uma perspectiva negativa. Você acaba dizendo "sim" ao vendedor, mas não com uma clara noção do valor da sua compra, mas porque você reage a tudo que lhe foi dito.

De fato poderíamos continuar a oferecer exemplos indefinidamente. *Estes que já alinhamos deixam bem claro o que queremos dizer. Na sua própria experiência você também pode encontrar muitos, ações derivadas de um sentimento de carência.*

As criaturas presunçosas são as que mais experimentam falta de auto-estima. Sentem-se fracas quando desejariam ser fortes, ou enfraquecidas quando almejariam ser poderosas, e assim, a partir dessa perspectiva de carência, elas agem tentando compensar as próprias falhas. Virtualmente, cada guerra deflagrada teve um instigador, com certeza focado em um sentimento de fraqueza e querendo provar o contrário.

Você já percebeu que há pessoas que aparentam ser muito donas de si, quando são absolutamente inseguras? Elas compensam isso agindo de forma oposta às suas sensações, mas isso não faz com que se *sintam* bem.

Há muitas histórias sobre pais e maridos autoritários que tentam controlar a vida de filhos e esposas. Sabemos muito bem que na maioria dos casos por trás dessa aparência de dominação existe um homem inseguro e inadequado. Sua tentativa de dominar não faz com que se sintam mais fortes porque isso desafia a lei. Quando alguém age a partir desse tipo negativo de expectativa, intensifica sua própria carência.

Atrás do aluno agressivo no pátio da escola, ou do pai dominante, ou do líder de um país que deflagra guerra contra outras nações, está alguém que deseja muito sentir-se forte, mas ainda não encontrou maneira de concretizar isso. A pessoa acredita que dominando outras, que considera fracas, vai se sentir forte. Em vez disso, amplifica sua própria fraqueza, da mesma forma que o valentão, o dominador ou o líder belicoso, que assim permanecerão provavelmente pelo resto da vida.

Na verdade, o sentimento de poder ou força, que essas pessoas desesperadamente desejam, já existe nelas, justamente porque sua fraqueza é apenas ilusória. São produto de um ambiente que gasta mais tempo criticando que elogiando. Mais tempo destruindo do que construindo. De fato, são resultado da consciência de massa dos seres físicos que sentem mais insegurança do que segurança, e assim absorvem justamente essa sensação de falta de confiança. Freqüentemente essas pessoas estiveram sob os cuidados de pais ou professores inseguros e agiram como dominadores sobre elas para se sentir fortes. De fato eles não se sentiram fortes como resultado de seu domínio, mas ampliaram o círculo de insegurança e dominação continuamente.

Você tem um poderoso desejo de estar bem, em segurança, de ter êxito e ser forte, e isso é, sem exceção, a partir da falta desses elementos na sua vida. A razão que fundamenta esse desejo tão forte é que inconscientemente você reconhece, de sua perspectiva interior, que realmente está bem, está seguro, faz sucesso e é forte.

AO CONTRÁRIO DO QUE COSTUMA ACREDITAR, NÃO TEM NECESSIDADE DE PROVAR SUA PROSPERIDADE, SEGURANÇA, SUCESSO OU FORÇA. De fato, a tentativa de provar isso tem efeito contrário. Em sua mais íntima perspectiva você está bem, é seguro, é bem-sucedido e é forte — e qualquer coisa menos do que isso é ilusória. São imagens falsas criadas por seu pensamento ou crença.

É difícil para nossos amigos físicos concordarem conosco quando afirmamos que as doenças de que sofrem, com toda a evidência aparente, são ilusórias. Não é fácil para nossos amigos físicos entenderem que a pobreza, a insegurança, as relações infelizes e até mesmo os eventos mundiais são ilusórios. Mas para entender o que nós queremos dizer com "ilusórios" é preciso que você se volte para sua perspectiva interior.

Quando você só presta atenção na perspectiva física, a partir de sua estrutura com sangue e ossos, sua noção da vida fica presa a isso. Dessa limitada perspectiva, você tende a considerar as evidências físicas com uma importância muito maior do que elas realmente têm.

O que você entende é que esta evidência — que usa para justificar seu sentimento de falta de poder — foi criada por você, que não tem nada de fraco, mas sim de muito poderoso.

Por exemplo: você vê alguma evidência de doença, e permanece focado nela gerando emoção negativa de maneira que perpetue aquele estado.

Quando você é capaz de mergulhar em sua perspectiva mais profunda e perceber que é muito mais do que sua estrutura física, e que essa parte interior observa sua própria vida de maneira muito diferente da que você considera, então está no caminho da real descoberta de si mesmo.

Você descobrirá que, embora feito de carne, ossos e sangue, é muito mais do que isso. Vai descobrir que é energia criativa. *Ainda mais, começará a compreender que a carne, os ossos e o sangue são responsáveis pela passagem do fluxo de energia dentro de você — e que você pode e deve ser o comandante dessa energia criativa.*

Você acabará compreendendo que o seu corpo e os outros ao seu redor, em resumo, Tudo-O-Que-Existe na dimensão física, são atraídos ou repelidos por você de acordo com o uso que faz dessa energia criativa.

E, como você procura essa resposta, acabará percebendo que usa essa energia criativa, por meio de seus pensamentos conscientes. Assim, em vez de se sentir vulnerável neste grande mundo físico, terá absoluto controle sobre sua experiência de vida. Em vez de se sentir vítima de doença, entenderá que ela nada mais é do que a sua perspectiva ou expectativa ou uso da energia criativa. Você literalmente trouxe isso para sua existência.

Você entenderá que, embora a evidência física pareça ter muita importância, inclusive porque muitos outros vêem e proclamam seu valor, muito disso é ilusório, porque está acontecendo apenas por causa da perspectiva física.

EVIDÊNCIAS USADAS CONTRA SI MESMOS

O sentimento de vulnerabilidade ou a impressão de que coisas ruins são iminentes leva a que elas realmente aconteçam. Esse sentimento produz a evidência física das coisas ruins acontecendo. Como seres físicos vocês colocam muita ênfase nisso. Deflagram essa "evidência" usando-a contra vocês mesmos, ampliando mais e mais a expectativa negativa. Se, em vez disso, enfatizassem o que realmente gera coisas ruins — seus pensamentos e sentimentos negativos —, a evidência não persistiria. Você veria isso apenas como manifestação do seu pensamento, não como a coisa assustadora que antes parecia.

Quando você observa evidência negativa — criada, atraída e vivenciada —, pode fazê-la sair pela mesma porta que entrou: algum pensamento ou sentimento. Mude seu pensamento e seu sentimento mudará — e aquilo não vai se realizar.

Da ação orientada a partir de sua perspectiva física, a criação física — ou evidência — tem mais força em seu sistema de crenças do que merece — porque essa evidência foi criada a partir do pensamento. *MUDE O PENSAMENTO E A EVIDÊNCIA DESAPARECERÁ.*

Mesmo as mais temidas doenças desaparecerão quando você retirar completamente sua atenção delas. Você as atrai com pensamentos e sentimentos, e as afasta retirando o foco. Não é fácil não pensar em algo, mas é fácil refletir em outra coisa. Portanto, prestando atenção nos aspectos do seu ser que estão em harmonia com o seu desejo, você está, neste momento, deixando de atentar para os aspectos que não estão em harmonia com o seu desejo.

Imagine uma cidade mágica. É muito pequena, não mais de 16 km². Tem magníficos pontos de grande beleza e interesse. Tem eficiente rede de ruas e avenidas, que conduzem as pessoas para onde quiserem, sem dificuldades. Há, também, lugares muito adequados para estacionar veículos. Mas existe uma coisa que não é perfeita ali: um grande buraco na 6ª Avenida.

Sua mente lógica lhe diz que há tanta perfeição naquela extraordinária cidade, que você nem teria que notar esse pequeno detalhe, mas nossa percepção a respeito dos amigos físicos indica que não apenas notam o buraco como dão a ele imensa atenção. Vocês olham para ele, se queixam dele, escrevem cartas sobre ele, falam com seus amigos a respeito da existência dele — até que isso literalmente acaba consumindo a própria cidade.

Uma mulher vai para o *check-up* físico anual em que o médico observa se existe alguma anormalidade em seu organismo. Ela vem repetindo isso há um longo tempo até que, finalmente, na última consulta, o médico encontra um pequeno nódulo. Esta mulher, em vez de refletir e se conscientizar de que tem um magnífico organismo, levando em consideração seu perfeito sistema circulatório, com a ajuda do médico, fixa a atenção no "buraco", fazendo com que ele se expanda e consuma sua "cidade".

A partir de nossa perspectiva observamos essa tendência. Sabemos que há grande desequilíbrio. Percebemos muito bem que ela está muito mais saudável do que doente — mas, ao fixar a enfermidade, faz com que fique cada vez mais doente.

Em todas as áreas da existência há coisas que se harmonizam com nossas intenções e coisas que não. HÁ ASPECTOS POSITIVOS E NEGATIVOS EM TODAS AS COISAS.

Quando você focaliza qualquer aspecto negativo, automaticamente seu ser interior oferece-lhe uma emoção negativa, porque, ao atentar para o que não é bom, você está resistindo a algo que deseja — ou que é positivo.

Por meio do pensamento, você atrai os aspectos negativos para sua experiência. Pelo hábito continua a focalizar isso, até que haja uma manifestação física — algo tangível — e aí você diz: "Olhe, aqui está uma evidência física! É grande e bem próxima, eu não posso negá-la!". E nós dizemos: "Não negue, porque ao negar você ainda está preocupada com isso — e continua a atrair. Em vez disso, ignore. Focalize sua atenção em outra coisa.Tire a concentração na evidência negativa e ela sairá da sua existência. Porque isso é Lei!".

Você dá muita força à evidência física. Confere a isso grande importância na sua vida. Assim, você não enfatiza o que realmente importa.

A EVIDÊNCIA FÍSICA É RESULTADO DE SEU PENSAMENTO E SENTIMENTO. Portanto, coloque ênfase no seu pensamento e sentimento. Sempre que sentir emoção negativa, está pensando em algo que não quer ou na falta de algo que deseja — E É DESSA MANEIRA QUE VOCÊ PERMANECE NO PROCESSO DE CRIAR EVIDÊNCIA FÍSICA.

Quantas vezes você diz: "Eu sabia que isso ia acontecer"? e nós afirmamos: "De fato você sabia". Porque, se você pensa, você sente. E se você sente, você cria.

Como um criador deliberado, seu trabalho não é fazer ou agir. Não é produzir evidências físicas. Sua função é reconhecer e manter um espaço centrado de bem-estar. Seu trabalho é descobrir sentimentos de felicidade, êxtase, amor, paz, entusiasmo, triunfo, bem-estar... e então permanecer deliberadamente neste espaço.

Quando você está num lugar de bem-estar, permanece onde atrai magneticamente ainda mais evidência maravilhosa desse estado de bem-estar. Além disso, como se sente assim, você irradia essa sensação em benefício de outras pessoas.

Capítulo 14

Livro dos aspectos positivos

Muitos de nossos amigos, procurando conselho, nos contaram histórias detalhadas de experiências negativas a respeito de uma série de temas. E então, depois de explicar alguma coisa, eles nos perguntavam: "Você acha que eu tenho de acabar com essa relação?", "Você acha que eu devo deixar esse emprego e procurar outro?", nós freqüentemente concordamos que este é um jeito de sair desse espaço negativo. Retirando-se fisicamente de algo que o desagrada você pode se dar um alívio imediato. Entretanto, a ação física, em si mesma, não é suficiente porque não é ela que o levou para esse ponto negativo de separação, mas seu pensamento e sentimento.

Nós costumamos dizer a essas pessoas: "Se você está saindo dessa relação porque percebeu que há aspectos negativos nela, então podemos dizer que é melhor que você também vá embora da cidade em que mora porque nela também há aspectos negativos. Da mesma forma, achamos que é melhor que você vá embora deste mundo, porque também há aspectos negativos nele". *Se você está deixando uma relação, ou seja, agindo, porque percebeu que tem aspectos negativos, então nunca deixará de correr ou ir embora. Até que não tenha mais para onde ir. Sim, porque em tudo há aspectos positivos e negativos — e é isso mesmo que oferece o perfeito balanço para a liberdade de escolha, para a evolução e a felicidade.*

Se a sua decisão é acabar com uma relação, ou mudar de emprego, ou de casa... é extremamente importante que você não faça isso a partir de uma perspectiva focada apenas em aspectos negativos, porque, embora mudem o cenário e os personagens, você permanecerá a mesma pessoa, e, como está no modo de sentimentos negativos, é isso que atrairá. Freqüentemente, quando você toma uma decisão, leva muito tempo para digerir isso, inclusive com um processo de analisar, racionalizar e justificar isso, portanto continuando a sentir emoção negativa a respeito. E tudo atrai negatividade, até que você, muito cedo, cria outra situação muito semelhante.

A mulher que acredita ter sido maltratada por seu primeiro marido costuma falar muito a respeito disso, ao longo do tempo, contando os motivos que a fizeram deixá-lo. Dessa forma, freqüentemente atrai uma nova relação amorosa em nada diferente da anterior.

O homem que sai do emprego, em razão do mau tratamento recebido de seu patrão, também fala muito a respeito disso, na tentativa de justificar sua atitude diante dos outros e de si mesmo. Assim, nesse estado de ânimo, atrai outra relação de trabalho totalmente insatisfatória, na nova empresa para a qual entrou.

Nós recomendamos que, antes de tomar a decisão de sair, deixar, ou seja lá o que for que lhe ocorra, você passe algum tempo focando os aspectos positivos dessa experiência. Fazendo isso, você se sentirá melhor e mudará o seu jeito de atrair.

Com freqüência sua posição presente muda tanto que você não vê razões para ir. E sua próxima posição sempre será melhor se não prestar atenção no que estava errado na anterior.

Nossos amigos, Jerry e Esther, utilizam diferentes hotéis quando trazem amigos para falar conosco. Um desses estabelecimentos parecia ter esquecido que eles estavam chegando, mesmo que Esther tivesse feito reservas e confirmado no dia da chegada. Em sua passagem anterior por esse hotel, Esther precisou pedir que eles resolvessem detalhes que negligenciaram, pedindo no último minuto antes de começar o evento cadeiras e água, providenciando equipamentos para apresentação de informações eletrônicas, pedindo urgência nessas providências. Em razão disso, Esther ponderou a respeito da possibilidade de mudar de hotel no próximo evento. Nós concordamos que isso certamente era uma possibilidade. Porém não os encorajamos a tomar essa decisão a partir daquela posição negativa. Porque se fizessem isso levariam essa sensação para o novo hotel e haveriam de atraí-la novamente. Esther e Jerry riram, porque aquele era o segundo em que se hospedavam naquela cidade. Eles haviam deixado o primeiro pelas mesmas razões que estavam agora levando em consideração ao mover-se para o segundo.

Nós os encorajamos a abrir um novo livro de anotações intitulado "Livro de Aspectos Positivos", e escrever na primeira página "Aspectos Positivos do __________ Hotel na cidade de Austin".

Esther começou a fazer suas anotações. "Este é um belo hotel. A equipe é amigável. O estacionamento é bem posicionado e adequado. Há fácil acesso a partir da rodovia. Nosso quarto está sempre fresco e limpo. Há muitos e diferentes tamanhos de sala para receber nossas várias atividades. Nós podemos utilizar uma adorável acomodação para encontros e descanso." Quando Esther completou sua lista, ela estava se sentindo muito bem a respeito daquele hotel, pensando por que havia imaginado deixá-lo. Colocando sua atenção nos "aspectos positivos", ela deixou de focalizar os "aspectos negativos". Como seus pensamentos mudaram, seus sentimentos também se alteraram. O mesmo aconteceu com seu ponto de atenção.

Quando você entende que pela Lei da Atração está indo em direção ao desejo em que focaliza a atenção, e que quando sente algo negativo está naquele lugar de resistência ao que deseja, então pode perceber o valor de esperar um tempo para tomar uma decisão com o foco sobre o que faz você se sentir bem.

PROCESSO: LIVRO DE ASPECTOS POSITIVOS

Este exercício vai ajudar você a encontrar um deliberado e constante lugar de atração positiva:

Inicie um novo livro de anotações. Escreva na capa, em letras grifadas: "Livro de Aspectos Positivos". O objetivo principal dele é trazer você rapidamente a uma posição de sentir-se bem, ou seja, de atração positiva. Mas há outros benefícios. Um registro diário de aspectos positivos velhos e novos temas ajudará você a manter-se em equilíbrio positivo. À medida que cada área de sua vida fluir para o livro de aspectos positivos, o registro de suas entradas terá efeitos sobre outros aspectos de sua experiência. Porque você está se sentindo melhor durante o maior espaço de tempo, mais coisas que considera boas também começarão a fluir em sua direção. Muitas coisas que tem desejado — mas que estavam sendo bloqueadas em razão de pensamentos e resistência na forma de emoções negativas — facilmente surgirão na sua experiência. O balanço de pensamentos e sentimentos que você tem passará de negativo para predominantemente positivo. Você logo descobrirá que, independentemente do estado emocional de seu mundo, sua economia, ou até daquelas pessoas que estão a sua volta no trabalho ou em casa, sempre se encontrará em balanço positivo e pela Lei da Atração sua própria vida começará a mostrar os resultados disso imediatamente.

Esse "Livro de Aspectos Positivos" não é indicado para um processo em que você transforma uma sensação negativa em positiva. É, isto sim, um processo para ajudá-lo a dar atenção ao que é positivo. E quando está nesse estado, você não pode ficar pensando no que é negativo. E, se não focaliza o que é negativo, isso deixará de existir na sua vida.

Em cada página, comece um novo tema. Escreva o que flui facilmente de você. Não fique se esforçando, porque, se fizer isso, talvez acabe tentando torcer algo que lhe causa sentimento negativo em positivo, e focalizando, inclusive dando a isso palavras positivas — você mantém o interesse no que é negativo. Quando os pensamentos sobre determinado tema param de fluir, mude para uma nova página e comece outro assunto. Cerca de 15 minutos, no começo do dia, são suficientes para esse processo.

No segundo dia, leia o que escreveu antes, e acrescente os pensamentos que surgirem. Perceba como você se sente bem durante essa atividade.

Se você perceber que está sentindo emoção negativa a respeito de uma pessoa específica, comece uma página de aspectos positivos a respeito dela.

Se nota que está sentindo emoção negativa em relação a qualquer tipo de assunto, como não ter dinheiro ou tempo suficientes, ter muito trabalho pela frente, não contar com o respeito que merece de outra pessoa... comece uma página para identificar aspectos positivos dessa situação particular.

Você vai perceber, bem depressa, que irá se sentir muito melhor, de maneira geral. Não apenas a respeito de situações específicas, sobre as quais escreveu, mas também sobre outras experiências ainda não relatadas, porque, COMO VOCÊ SE SENTE MELHOR, VAI ATRAIR MAIS DAQUILO QUE ACHA QUE É BOM. QUANDO SE SENTE MAL, VOCÊ ATRAI MAIS DO QUE CONSIDERA RUIM.

Continue a fazer isso a semana toda, repetindo a prática de ler o que foi escrito e depois acrescentar coisas. No final dessa primeira semana, deixe esse livro de lado e inicie outro.

Novamente, escreva na capa "Meu livro de Aspectos Positivos". Talvez agora você comece a ver esse livro como o tesouro que realmente é, porque é a chave para seu centrado e balanceado estado de bem-estar. Ele é a chave para que você se coloque num lugar de atração positiva. Embora seu mundo seja predominantemente focado sobre o negativo, com muito mais críticas do que elogios, você cria um processo para controlar a maneira como se sente. Enquanto quase todas as pessoas que conhece tomam decisões para agir a partir do pressuposto do que aconteceria se não se movimentassem, você está sendo inspirado para uma atividade positiva e gratificante.

A motivação para agir é inspirada por duas fontes primárias: a partir de uma clara e brilhante visão do desejado, ou de uma clara e desconfortável visão do não almejado. Quando observamos seu mundo físico, notamos que a maioria da ações é inspirada por uma perspectiva negativa do que não é desejado.

Muitos são movidos a agir, não por causa de um gratificante e entusiasmado objetivo positivo, mas porque eles acreditam que, se não fizerem nada, haverá conseqüências negativas. Em outras palavras, eles não vão felizes e motivados para o trabalho porque têm uma clara visão do valor de sua atividade. Eles não são inspirados a agir em razão de uma clara imagem de seu desejo. Muitos trabalham porque acreditam que, do contrário, não terão dinheiro, e assim não conseguirão as coisas que querem.

Quando você focaliza a conseqüência negativa do que vai acontecer se não agir, e age para evitar isso, VOCÊ NÃO AFASTA ESSA POSSIBILIDADE, AO CONTRÁRIO, ACRESCENTA PODER A ELA.

Você não pode ter um final feliz se passou por uma jornada inteira infeliz. E não conseguirá jornada feliz se a sua motivação foi inspirada pela atenção a conseqüências negativas.

O ponto-chave aqui é: A AÇÃO É RESPONSÁVEL POR UMA PEQUENA FRAÇÃO DO SEU ESFORÇO CRIATIVO. A maneira como se sente é o principal responsável pelo que você consegue e pelo que está criando e, de fato, pelo que está vivendo.

Muita gente se considera inútil porque não consegue agir de maneira suficiente para fazer diferença. Tentam, lutam, perseveram, mas as coisas não melhoram. Justamente porque a verdadeira base de sua atração criativa não deriva de sua ação, mas da maneira como eles se sentem ou agem.

Se você está querendo afetar o futuro de sua experiência física de maneira positiva, preste atenção prioritariamente na maneira como se sente — e procure razões para se sentir bem. Não há ação suficiente em seu mundo para compensar o sentimento mau. Simplesmente. Não existe tempo suficiente no dia, nem energia em seu corpo para compensá-lo pela atração negativa que ocorre quando você sente emoção negativa.

Por essa razão, enfatizamos tanto o valor de seu *LIVRO DE ASPECTOS POSITIVOS*. Se procurar deliberadamente razões para se sentir bem, você as encontrará. Focando sempre essas razões, você se sentirá bem. E nesse estado começará a atrair tudo aquilo que considera bom.

Freqüentemente, quando se encontra em meio a emoções negativas, você tenta justificar isso colocando a culpa em outra pessoa. Procura razões para justificar, em seu interior, porque percebe que isso está em descompasso com você. E nós lhe dizemos que, sempre que você está no modo de justificação, se encontra em atração negativa.

Quando você tenta explicar por que está sentindo emoção negativa é a ela que você acrescenta poder. Abandone a emoção negativa, o sentimento negativo E A ATRAÇÃO NEGATIVA *— tirando sua atenção disso. Focalize apenas o que faz com que se sinta bem, e isso só será possível se você nem sequer aventar qualquer coisa que faça com que se sinta mal.*

Muitos de nossos amigos físicos estão tentando entender como a ação influi no seu processo de criação porque certamente como seres humanos a ação é uma parte importante de sua experiência. Vocês estão sempre tomando decisões sobre o melhor uso do seu tempo. "O que eu deveria fazer?"

Nós não estamos tentando afastar você da ação. Não queremos que você acredite que a ação não é importante. Desejamos que entenda que a ação, em si, não é muito poderosa. Uma ação contra uma emoção negativa não tem poder nenhum. E assim, quando vemos nossos amigos físicos dando muito crédito a sua ação e não notando progresso em relação às coisas que desejam, queremos muito que eles entendam por que isso acontece.

Quando nossa ação é inspirada a partir de um desejo positivo, ela amplia sua criação — PARA SE SENTIR BEM É PRECISO AGIR EM ESTADO DE ALEGRIA. Mas quando a ação é inspirada porque teme conseqüências negativas se você não faz nada — ENTÃO A AÇÃO PROVOCA UM SENTIMENTO MAU.

Preste atenção em sua própria experiência. Você se sente feliz enquanto age durante o dia ou freqüentemente expressa ressentimento? Você caminha alegremente em direção a seus projetos ou manifesta má vontade, olhando muitas vezes para o relógio, sem motivação para terminar o trabalho ou prosseguir? Você está sorrindo? Você está cantando? Você é feliz?

Deixe... Permita que sua ação se inspire numa imagem positiva, não em uma negativa. Quando você permanece focado sobre o que faz com que se sinta bem, agirá cada vez mais em estado de alegria. E quando atua com felicidade, mais coisas que deseja fluirão facilmente para sua vivência — porque você não estará bloqueando seu movimento com sentimento negativo.

Capítulo 15

A lei da permissão

Amigos, vocês são verdadeiramente buscadores do que é bom e querem muito encontrar o seu lugar, mas ainda trabalham arduamente contra vocês mesmos. Em muitos casos sabem com certeza o que querem. Mas, em geral, acreditam que a melhor maneira de conseguir o que querem é derrotar o oposto.

Vocês têm uma "guerra contra a pobreza", "guerra contra drogas", uma "guerra contra o câncer", "guerra contra Aids"... e todos esses temas em que mantêm atenção concentrada estão crescendo rapidamente. Em vez de ajustar bem o foco na atração de um natural estado de boa saúde, muitos se colocam em uma posição defensiva, ou de medo. Vocês gritam "não, não eu!" para a pobreza ou a doença.

Muitos de vocês realmente acreditam que de alguma maneira conseguirão o que querem derrotando o que não desejam. Estamos aqui para explicar que ISSO DESAFIA A LEI!

- *VOCÊ VIVENCIARÁ AQUILO CONTRA O QUAL LUTA.*
- *VOCÊ VIVENCIARÁ AQUILO COM QUE SE PREOCUPA.*
- *VOCÊ VIVENCIARÁ AQUILO DE QUE TENTA SE ESQUIVAR.*

Quando permanece em seu lugar de sentir medo, recebendo amigos neste mundo, oferecendo a eles "bem intencionados" alertas, você é muito inconveniente para eles. E, como seus pais, antes, perpetua a sensação de vulnerabilidade.

Você não tem de se defender contra a doença, porque seu estado natural é o de saúde. Sua atitude de defender-se da enfermidade é a origem dela.

Você não tem de se defender contra a pobreza, porque seu estado natural é o de abundância. Sua atitude de defender-se da pobreza é a origem dela.

Você não tem de se defender contra o "mal", porque seu estado natural é o do bem. Sua atitude de defender-se do mal é a origem dele.

Se você permanece sob tensão e em guarda, apavorado ou preocupado, lutando contra qualquer coisa que não deseja — por sua atenção ou focalizando pensamentos nisso, com o poder da sua resposta emocional aos pensamentos —, está no modo de atrair essa mesma coisa contra a qual está em guarda.

Quanto mais você grita "não!", mais poderosa é sua atração. Quanto mais se defende contra algo, ou resiste àquilo que não deseja, mais poderosamente ele virá a você. De fato, enquanto protesta contra o que não quer, mais poder confere a ele. Como você justifica a posição negativa em que se coloca, assegura sua permanência no lugar em que não deseja estar. Como você culpa os outros pelo que lhe acontece, conduz a si mesmo a uma posição indesejada.

Para vivenciar a alegre, produtiva e deliciosa experiência física que quis ter ao emergir neste magnífico corpo físico, você apenas teve de querer, esperar ou permitir. E, assim, ser.

Muito do que deseja está muito bem localizado. Você empregou muito de sua experiência física analisando a vida e identificando preferências. Mas muitos não são muito bons em permitir que essas coisas maravilhosas fluam para a sua existência. Vocês, de fato, querem permitir que venham, e muitos estão mesmo ávidos por isso.

LEMBRE-SE DE QUE A LEI DA ATRAÇÃO ESTÁ ETERNAMENTE AFETANDO SUA EXPERIÊNCIA E TUDO O QUE PENSA OU SENTE É O PONTO DE ATRAÇÃO.

Para colocar-se na clara, ilimitada e não resistente posição de permitir saúde, abundância, segurança, amor ou seja lá o que considere bem-estar, você apenas tem de identificar seu desejo e depois relaxar, com a intenção de mergulhar no espírito do bem-estar.

Em vez de lutar contra a doença, relaxe e permita-se viver em estado natural de saúde.

Em vez de trabalhar tão arduamente contra a pobreza ou contra não ter dinheiro suficiente, relaxe e permita-se viver em estado natural de abundância.

Identifique o que você quer e então espere, em feliz expectativa, pela evidência disso.

Nada de lutar e estressar-se. Nada de desesperança e justificativas. E sim um permanente e feliz processo de tornar-se...

Tudo-O-Que-Existe — tudo o que você sabe e não sabe, neste magnífico Universo — está conectado e responde à Lei da Atração. Cada pensamento seu ou o que recebe têm sua própria e natural freqüência vibracional. E a Lei da Atração fará com que se realize o desejo correspondente.

Nosso amigo Jerry descreveu a chegada de um grande navio ao porto. A atracação estava sendo feita com uma corda muito grossa — pesada e volumosa demais para ser arrastada entre a água e o cais. Então, uma pequena bola de barbante muito resistente — conectada a outra corda gigantesca, por sua vez ligada a outra semelhante e assim sucessivamente — foi lançada na água e conectou-se à corda gigantesca do navio, de maneira que essa junção facilitou a atracação. Sem nenhum problema, porque a rede de cordames em terra suportou o peso do que estava mergulhado facilmente, inclusive com mais força resultante do que agregava, à medida que o do navio se enroscava ao do cais. *Nossos pensamentos se agregam uns aos outros da mesma maneira, começando bem pequenos e aumentando de volume à medida que você reflete a respeito por mais tempo.*

Tudo o que você está vivenciando vem em decorrência desses processos de conexão contínua de pensamentos.

Esther estava no portão, olhando a beleza e o brilho do céu e ouvindo os cristalinos trinados dos passarinhos, e sentindo as deliciosas fragrâncias no ar e o maravilhoso vento sobre sua pele. Ela vivenciava o extraordinário resultado de mergulhar em um estado altamente positivo. Fazia um movimento semelhante ao do cordame do navio no cais. Ao decidir procurar razões para se sentir bem, ela atraiu um pensamento que atraiu outro, até que seu corpo físico estivesse vibrando na mesma freqüência que permitia a total emergência da imensa capacidade de sua energia não-física.

Muitos de vocês não reconhecem a importância de pensar deliberadamente nesses pequenos temas subliminares porque não compreendem o poder da Lei da Atração. Um pensamento leva a outro, e a outro, e a outro, em uma sucessão ilimitada, até que você crie uma evidência física daquela linha de pensamento.

Nós observamos que muitos de vocês refletem detalhadamente sobre o que vestem, o que comem, o lugar onde vivem, o carro que dirigem, mas ainda não chegam a esse cuidado sobre os pensamentos que permitem fluir através de sua mente. Pensamentos que vibram e atraem outros, produzindo evidência física justamente a partir dessa experiência.

Quando você formula um pensamento que não está em harmonia com o seu desejo, sempre recebe de volta um alarme negativo a partir de seu ser interior, mas poucos — ao perceber este sinal — mudam o pensamento; portanto, a maioria atrai evidência física daquilo que não quer em sua vida.

Confira a seguir alguns, poucos e muito simples, aspectos importantes e necessários para que você tenha o absoluto e gratificante controle sobre sua própria experiência de vida:

- Aceite que você é o criador de sua experiência de vida.
- Compreenda o poder e a importância dos pensamentos que você cria.
- Aceite sua conexão absoluta com seu ser interior.
- Entenda que as emoções que você sente são guiadas por seu ser interior.
- Tome a decisão de que nada é mais importante que "sentir-se" bem.

Verdadeiramente, se nada mais você captar da leitura deste livro senão e quanto é importante "sentir-se" bem, então absorveu tudo do que necessita para viver feliz e intensamente, porque o reconhecimento da maneira como você se sente é o reconhecimento da orientação que vem de sua mais profunda perspectiva íntima.

Se cuidadosamente conduz seus pensamentos, palavras e ações a tudo o que é conseqüência de um estado de bem-estar, estará permitindo a suprema orientação de dentro de você.

Com a moldura apenas desta vida física, vocês se tornaram seres muito complexos. Levam em consideração milhares de questões, e a vida toca-os de maneiras muito diferentes. Vocês foram envolvidos em muitas engrenagens de cordame, tanto de natureza positiva como negativa, desde o dia que emergiram neste corpo, e agora estão vivendo o equilíbrio dessas diferentes engrenagens. Vocês desenvolveram alguns fortes hábitos de pensamentos ou crenças e assim facilmente podem conectar-se com espirais negativas apenas com a menção subliminar de alguns temas. Vocês desenvolveram extrema sensibilidade para algumas coisas e muitas vezes assumem uma postura de autoproteção contra as coisas que não desejam.

Em vez de tentar analisar tudo isso que carregam, justificando por que esse conjunto de coisas está aí, e culpando-se ou procurando jogar a responsabilidade sobre outro a respeito de suas vivências, vá por um caminho muito mais simples: aposte fortemente na intenção de saber qual é seu bem-estar. Peça que surja o sentimento de valor sobre o que para você é bom. Olhe-se, de todas as perspectivas que puder, e procure por evidências de sua bondade e valor. Tome uma forte decisão de que encontrará razões íntimas para adorar-se. Faça essa promessa absoluta a si mesmo, que pela poderosa Lei da Atração essas razões crescerão e expandirão em direção às fronteiras do Universo.

Quando você olha para si mesmo, ou para outros, ou para qualquer coisa e sente carência, cria pensamentos que vibram de maneira muito particular. A emoção negativa que você recebe de volta quando focaliza a carência é a indicação de que seu ser interior não está concordando com esses pensamentos e esta emoção negativa que você sente significa que neste momento está temporariamente separado de seu imenso poder Interior. Utilizando o Processo de Girar, para mudar seu pensamento do estado de carência para aquilo que deseja — pensamento atraindo pensamento atraindo pensamento atraindo pensamento... Quando chega ao que quer realmente, você muda a vibração para o desejo que está em harmonia com o seu ser interior. A emoção negativa anterior será dissolvida pela presença da positiva, indicando que você está novamente de volta a uma posição de harmonia com o seu conhecimento mais profundo.

Focando na carência, portanto vibrando em baixa freqüência, e divergindo de seu ser interior, e restringindo o magnífico fluxo de energia de suas próprias profundezas — este emaranhado de conexões é a razão que cria toda a doença que você possa vivenciar. Assim como seu corpo vai responder negativamente à restrição de fluxo sanguíneo ou de oxigênio, também responde negativamente a qualquer restrição do fluxo de pura energia positiva.

Quando você observa sua própria vida e vê falta de saúde ou de prosperidade ou de relações significativas ou de qualquer coisa que deseja, compreenda que essa falta se deve a uma única razão: você escolheu pensamentos que conectados a outros e outros que estão em desarmonia com o que quer seu ser interior e você está vibrando a atraindo exatamente o que não deseja.

Quando formula pensamentos críticos a seu respeito, seu ser interior não concorda, porque sabe que você é uma pessoa maravilhosa, talentosa, criativa e boa.

Quando você formula pensamentos críticos a respeito de outras pessoas, seu ser interior também discorda, porque sabe que o Universo existe em estado de equilíbrio perfeito e que todos os pensamentos e experiências são permitidos. Seu ser interior sabe que há muitas coisas que você não escolhe e que também seu ser interior não elege — *mas seu ser interior sabe que você está focalizando o que não quer e por isso tenta chamar sua atenção.*

Quando você tem medo ou procura afastar-se de doenças ou monstros imaginários ou tudo aquilo que não deseja, seu ser interior não participa desse movimento porque sabe que atentar para isso é convidar a que se instale. Seu ser interior literalmente volta a um lugar de bem-estar e aqueles terríveis pensamentos são para ele completos alienígenas.

EXERCÍCIO DE CONSCIENTIZAÇÃO

Quando você se deita toda noite, tome conhecimento da existência do seu ser interior e conecte-se com ele. Naquele momento entre o estar acordado e o dormir mergulhe no espírito do seu próprio bem-estar. Seu ser interior literalmente fará com que flua para você energia pura, positiva e poderosa. Manifeste a intenção de permitir a completa recomposição de seu organismo físico, sabendo que seu ser interior de maneira amorosa e bastante complexa alinhará as energias de seu corpo físico e reforce a intenção de despertar recomposto e feliz.

Quando você despertar pela manhã, tome consciência de que reemergiu de volta ao físico e em seguida faça uma clara intenção: "Hoje eu desejo predominantemente focalizar aquele desejo que me faz bem". Porque, se você se sente bem, está em um lugar de atração positiva, em perfeito alinhamento com sua pers-

pectiva mais profunda. Quando se sente bem, só o que é bom conseguirá chegar até você.

Quando você define que quer olhar apenas para motivos de se sentir bem, começa a se colocar naquele positivo cordame e uma idéia após outra chegará a você. Como velhos hábitos se afastam ou como automaticamente você descarta algumas conexões negativas, reconhecerá mais rapidamente o que está fazendo, e da mesma forma vai liberar o que não quer, olhando novamente por uma razão para sentir-se bem, até que o balanço de pensamentos torne-se predominantemente positivo. Assim, a conexão com o seu magnífico ser interior será forte e clara.

Como você permite essa pura e poderosa conexão entre seu físico e seu ser interior, o nível de sua alegria vai decolar. Coisas que você quer fluirão facilmente e as que não quer deixarão de fazer parte de sua existência. A partir de sua perspectiva poderosa, este mundo de fato será um lugar glorioso para estar.

Cada manhã, ao acordar, você literalmente reemerge de volta ao estado físico, exatamente da maneira como estava quando nasceu. Quando abrir seus olhos, permaneça na cama por um tempo, e mergulhe no espírito de bem-estar. Fique ali por um tempo, procurando razões para se sentir bem. Sinta o conforto da cama em que está. Focalize as sensações prazerosas de seu próprio corpo. Sensualmente sinta como a superfície da cama toca a pele. Sinta o movimento do sangue através de seu corpo e maravilhe-se com as extraordinárias funções e forças do organismo. Respire fundo e sinta seu corpo respondendo com intensa felicidade a esse novo dia.

Como acordou esta manhã de volta a seu pleno conhecimento físico, literalmente você emergiu em um NOVO COMEÇO.

Nós deixamos você com algumas coisas poderosas que pudemos compreender. Quando reler esses ensinamentos, observe as dramáticas ou sutis diferenças que aconteceram em sua perspectiva desde sua última consulta ao que aqui dissemos. E mergulhe no prazer de seu conhecimento.

SUA CONDIÇÃO NATURAL É
DE BEM-ESTAR.

SUA CONDIÇÃO NATURAL
É DE SAÚDE.

SEU MUNDO TEM EM
ABUNDÂNCIA TUDO O
QUE VOCÊ CONSIDERA
BOM E VOCÊ TEM LIVRE
ACESSO A ELA.

VOCÊ NÃO ESTÁ NA TERRA PARA PROVAR A SI OU A QUEM QUER QUE SEJA ABSOLUTAMENTE NADA.

VOCÊ ESTÁ EM UM ESTADO DE EVOLUÇÃO ETERNA, E O LUGAR EM QUE ESTÁ AGORA É MUITO BOM.

NÃO HÁ FIM PARA A EVOLUÇÃO.

VOCÊ EXISTE EM ESTADO DE ABSOLUTA LIBERDADE. TUDO QUE VIVENCIA É ATRAÍDO POR VOCÊ. VOCÊ É LIVRE ATÉ MESMO PARA ATRAIR ESCRAVIDÃO.

DA MANEIRA COMO PENSA, VOCÊ SE SENTE, E, COMO SE SENTE, IRRADIA. TUDO-O-QUE-EXISTE, EM NÍVEL FÍSICO E NÃO-FÍSICO, É AFETADO PELO QUE VOCÊ OFERECE. ESTE É SEU PODER DE INFLUÊNCIA.

NATURALMENTE, SUA PRÓPRIA EXPERIÊNCIA É MUITO AFETADA PELO SEU PODER DE INFLUÊNCIA.

EM TODO O UNIVERSO, A ÚNICA OPINIÃO QUE É REALMENTE IMPORTANTE PARA VOCÊ É A SUA. E SUA OPINIÃO A SEU RESPEITO AFETA O UNIVERSO INTEIRO.

O QUE VOCÊ ESTÁ VIVENDO HOJE É RESULTADO DOS PENSAMENTOS E SENTIMENTOS QUE TEVE ANTES. SEU FUTURO É CRIADO A PARTIR DE SUA PERSPECTIVA DO PRESENTE.

A FORÇA CRIATIVA DA VIDA OU ENERGIA DO UNIVERSO FLUI ATRAVÉS DE VOCÊ E LITERALMENTE SE CONECTA COM TUDO-O-QUE-EXISTE. POR INTERMÉDIO DE SUA ATENÇÃO, OU FOCO, OU PENSAMENTO, VOCÊ FAZ COM QUE OS DETALHES CHEGUEM A VOCÊ.

QUANDO VOCÊ ESTÁ FOCADO EM ALGO — E, PORTANTO, ATRAINDO — QUE ESTÁ EM HARMONIA COM O QUE CONSIDERA BOM, SEU SER INTERIOR RESPONDE COM EMOÇÃO POSITIVA, COMO UM RECONHECIMENTO DE SUA CONEXÃO POSITIVA.

QUANDO VOCÊ ESTÁ
FOCADO EM ALGO — E,
PORTANTO, ATRAINDO —
QUE NÃO ESTÁ EM
HARMONIA COM O
QUE CONSIDERA BOM —
SEU SER INTERIOR
RESPONDE COM EMOÇÃO
NEGATIVA, COMO UM
RECONHECIMENTO DE SUA
CONEXÃO NEGATIVA.

SEMPRE QUE VOCÊ
SENTE EMOÇÃO
NEGATIVA, ESTÁ NUM
MODO DE ATRAÇÃO
INFERIOR.
FREQÜENTEMENTE,
NESSE MOMENTO, VOCÊ
ESTÁ RESISTINDO A
ALGO QUE QUER.

COMO VOCÊ TEM MUITOS
PENSAMENTOS
CONTRADITÓRIOS —
PORTANTO, OPOSTOS —,
ACREDITA QUE NÃO
TEM GRANDE PODER.

QUANDO PARAR
DE DETER SEU FLUXO
DE ENERGIA COM
PENSAMENTOS
CONTRADITÓRIOS,
VOCÊ CONHECERÁ
SEU REAL PODER.

VOCÊ NÃO TEM QUE
JUSTIFICAR SUA
EXISTÊNCIA FÍSICA.
ELA, EM SI MESMA,
É RAZÃO SUFICIENTE.

VOCÊ NÃO TEM QUE
JUSTIFICAR A SAÍDA
DESTE PLANO FÍSICO
PELA ATRAÇÃO DE
ENFERMIDADES
OU DA VELHICE. VOCÊ
VEM E VAI EM RAZÃO DE
SEU DESEJO. VOCÊ É LIVRE
PARA SER O QUE QUER.

QUANDO VOCÊ ESTÁ
FELIZ, OFERECE
FELICIDADE AO MUNDO.

QUANDO VOCÊ
SOFRE, OFERECE
SOFRIMENTO AO MUNDO.

COMO PENSA, VOCÊ SE SENTE. E, COMO SE SENTE, IRRADIA. E, COMO IRRADIA, INFLUENCIA.

DEUS, OU TUDO-O-QUE-EXISTE, OU AQUELE DESEJO NÃO-FÍSICO, NÃO EXISTE EM UM ESTADO FINAL, ESPERANDO QUE VOCÊ O ALCANCE, MAS SE REVELA EM TUDO O QUE VIVE. PORQUE O QUE VOCÊ PENSA, SENTE E VIVE ADICIONA A TUDO-O-QUE-EXISTE.

VOCÊ É UMA CONTRA-
PARTE FÍSICA DAQUELA
NÃO-FÍSICA — E JUNTOS
SOMOS CO-CRIADORES.
VOCÊ OFERECE A NOVA
PERSPECTIVA. NÓS
OFERECEMOS NOSSO
PROFUNDO
CONHECIMENTO.

A BASE DA VIDA É A LIBERDADE ABSOLUTA. O OBJETIVO DA VIDA É A FELICIDADE ABSOLUTA. E O RESULTADO DA VIDA É A EVOLUÇÃO ABSOLUTA.

PARTE II

Exemplos vivos

As próximas páginas são partes de transcrições de sessões de grupo gravadas com ABRAHAM. Foram editadas para assegurar a clareza da mensagem e selecionadas para inclusão neste livro. A idéia é oferecer a você alguns exemplos "vivos" da forma como ABRAHAM usa os conceitos que você leu na Parte I deste livro, para responder às perguntas e aos comentários de pessoas que querem colocar as informações em prática, em suas experiências de vida.

Nós costumamos dizer "Diga a eles o que você tem a dizer. Então, diga a eles. E, então, diga a eles o que você lhes disse". Frisar, dessa maneira, tem um sentido importante, porque usualmente nós ouvimos um novo conceito de muitas maneiras antes que as palavras se traduzam em experiência e essa experiência acenda nossa própria luz do conhecimento.

ABRAHAM — nome que reúne os brilhantes e incansáveis mestres — continua a apresentar os simples e facilmente absorvíveis ensinamentos para nos conduzir ao puro conhecimento a nosso próprio respeito. E, ao mesmo tempo, ele nos oferece um fluxo contínuo de novos conhecimentos e perspectivas. Uma perspectiva transparente o suficiente para que, conscientemente, comecemos a substituir hábitos e pensamentos ou influências alheias negativas as quais podem estar dificultando, ou mesmo impedindo, a atração do que desejamos.

A partir do momento em que integramos os ensinamentos básicos de ABRAHAM em nossa rotina diária, começamos a, conscientemente, vivenciar de maneira muito livre o aprendizado que se abre imediatamente a cada um de nós. É um processo acima de tudo muito divertido, leve, agradável.

Esther e eu ouvimos o que aqui está registrado de muitas pessoas que falaram com ABRAHAM ao telefone e também que com ele se reuniram em *workshops* e fins de semana. Há, inclusive, um número grande de interlocutores com os quais jamais tivemos contato pessoal. *Muitos estão dispersos em diferentes continentes e lêem os livros ou ouvem as fitas com os sempre envolventes ensinamentos de ABRAHAM. Nós não podemos, às vezes, responder prontamente a cada um, via cartas ou chamadas telefônicas, mas queremos frisar que somos profundamente gratos por sua presença e contribuição com perguntas, idéias, dinheiro e referências que fluem da expansão física dessa experiência.*

De coração,

JERRY e ESTHER HICKS

Perguntas e respostas de sessões de grupo

O PODER DE SEUS DESEJOS

ABRAHAM: Boa-noite!

GRUPO: Boa-noite!

ABRAHAM: Estamos extremamente satisfeitos com a presença de vocês aqui. Vocês devem estar se perguntando, afinal, do que se trata tudo isso. Tanto Esther quanto ABRAHAM estão determinados a levar adiante a proposta de co-criação esta noite. E encorajamos cada um de vocês a fazer uma pausa para determinar suas intenções para este momento. O que é que mais querem como resultado deste encontro? O que pretendem conseguir? Não há uma resposta certa ou errada para essas questões, porque cada um de vocês está aqui por motivos absolutamente individuais. E nós estamos muito motivados pelo que está por vir, porque sentimos a intensidade dos que vieram.

Nós estamos sentindo o poder de seus desejos. E, como nós, vocês também podem sentir isso. *É, então, nosso desejo predominante, como estamos juntos nesta jornada, de que vocês te-*

rão um claro sentido do que realmente são. E também de por que estão aqui. Ainda do que se trata esta experiência. E como vocês podem, por meio do processo de deliberada aplicação das Leis do Universo, criar, por si mesmos, uma específica, consciente e extremamente gratificante experiência pessoal de vida.

Há muitas coisas sobre as quais podemos falar e que nos conduzem a um mesmo ponto. Alguns de nossos amigos físicos acreditam piamente que temos apenas uma resposta e que apenas tratamos de oferecê-la de diferentes maneiras. Não que isso esteja longe da verdade, porque tratamos de entender o básico, simples e poderoso elemento dessas sempre presentes Leis. E quando você as compreende e é capaz de ver como podem ser aplicadas a cada aspecto de sua vida, então poderá aplicar nosso conhecimento a tudo o que está fazendo — e encontrar sucesso em todas as áreas de sua experiência.

E então perceberá que a vida não é tão complicada como você antes pensava. Você começará realmente a entender suas razões para estar aqui. Trata-se de tomar decisões, continuamente, sobre o que quer. Assim, poderá aplicar este conhecimento, que estará bem acomodado em seu interior, em direção ao contínuo movimento de suas sempre mutáveis idéias sobre o que quer ter a cada momento.

Desejamos dissipar alguns mitos. Embora não queiramos alterar suas crenças... é que elas não traduzem o que vocês realmente desejam, portanto as observamos como inapropriadas. Mas nossa intenção é guiá-los em direção ao que ainda não crêem. Para que sintam sua liberdade. Queremos reforçar sua caminhada em direção ao conhecimento. Queremos que sintam sua força e então tomem decisões absolutamente individuais a respeito do que desejam.

Esse encontro é realmente de co-criação. É muito mais do que simples perguntas e respostas. Muitos de vocês já estão compreendendo que cada pergunta gera uma nova pergunta, e cada resposta, outra resposta, e cada pergunta outra pergunta... é um círculo contínuo. Não acaba nunca. Portanto, não queremos lhe dar a impressão de que estamos aqui para satisfazer completamente às suas perguntas. Aqui estamos como estimuladores do pensamento — é isso que mais nos motiva.

Nós os conhecemos de uma maneira que vocês mesmos não conhecem. Sabemos que são criadores. Vocês não estão aqui para ser julgados. Vocês não estão aqui para provar nada a ninguém. Vocês estão aqui como criadores. E nós estamos aqui para ajudá-los a entender exatamente como vocês fazem isso. Nós queremos que compreendam que, sem exceção, tudo o que estão vivendo nasce de vocês e apenas de vocês.

Nós estamos aqui juntos esta noite, e esperamos que vocês abandonem todos aqueles "bodes expiatórios" que criam para si mesmos. Queremos que vocês removam todas as suas desculpas e fiquem despidos para assumir o conhecimento de que são os únicos, verdadeiramente únicos, seres capazes de afetar sua experiência. E, mesmo que a princípio isso possa causar desconforto, nos estágios iniciais do trabalho, muito cedo vocês se sentirão com muito mais poder.

QUANDO VOCÊ COMPREENDE PRECISAMENTE COMO TUDO LHE CHEGA, ESTÁ LIVRE DE TODOS OS MEDOS QUE OUTRAS PESSOAS POSSAM INSPIRAR EM VOCÊ. Então, você está livre da conjuntura econômica, do governo de seu país, de sua mãe, em suma, de toda influência que tem acumulado. E, finalmente, você está no controle de sua experiência. E, freqüentemente, sentindo-se muito feliz ao assumir esse controle.

Vocês são seres que procuram a liberdade, a evolução e a felicidade, e nós não podemos identificar quais são as intenções mais fortes em seu interior. E nenhuma delas pode existir sem a outra. Está tudo conectado. Nós sabemos que você nunca se sentirá livre até que elimine a negatividade dominante em sua experiência. E vocês nunca se livrarão dessa negatividade se não assumirem o controle de seus pensamentos. E vocês nunca assumirão o controle de seus pensamentos até que compreendam que isso é possível e qual a importância desse movimento. Este, portanto, é o processo geral que observaremos esta noite.

Agora queremos frisar que vocês são os criadores do que está acontecendo aqui, agora. *COMO VAMOS FALAR A RESPEITO DE LEIS E PROCESSOS, HÁ CERTAS PALAVRAS QUE AINDA NÃO TÊM SIGNIFICADO PARA VOCÊS, PORQUE NÃO É A PALAVRA QUE ENSINA, MAS SIM A EXPERIÊNCIA DE VIDA.* Assim, queremos usar muitos exemplos de sua vida real — coisas que você está experimentando a cada dia e sobre as quais reflete. *Nós queremos falar sobre o que é importante para vocês. Nós queremos falar sobre o que vocês querem, ou sobre o que está para vir ou não vir. E queremos dar a você, a partir de nossa perspectiva, uma clara referência para receber as coisas que você deseja. Assim, nós os encorajamos a falar sobre tudo o que esperam. Não se preocupem. Nós vamos captar o cerne de sua mensagem. Portanto, vamos ouvir o que cada um de vocês tem a dizer.*

O QUE ABRAHAM QUER?

JERRY: *Eu nunca percebi que você deseja algo. Há algo que deseja?* Você não parece interessado em escrever livros ou fazer sessões... Se não fosse por nós, nada aconteceria... (risadas)

ABRAHAM: Essa é uma questão muito bem apresentada. Como seres humanos, a maioria de seus desejos parte de uma posição de carência. É tão presente isso que quando interagem com alguém que não sente falta de nada vocês não se sentem seguros do que nós queremos. Mas podemos oferecer uma lista de nossos desejos. Tentaremos ser muito sucintos.

- Nós queremos abrir infinitas possibilidades, tantas quantas vocês quiserem, para expressar, nesta dimensão física, as absolutas, poderosas e consistentes Leis do Universo.
- Nós queremos que cada um de vocês, se assim desejam e estão dispostos, seja puro e absoluto exemplo dessas Leis.
- Nós gostaríamos que cada ser no Universo possa ver em você um cristalino exemplo de como essas Leis funcionam.
- Gostaríamos que vocês pudessem verbalizar claramente — "essas são as coisas que eu quero e essas são as coisas em que eu acredito e, mais, essas são as coisas que eu tenho" — de maneira que todo mundo possa dizer "Ah! Isso é óbvio!". Está certo que a gente já tem isso (risos), mas queremos mais ainda.
- Gostaríamos — e este é o ponto crucial de nossa interação com os seres físicos — que cada um, em todo o Universo, possa encontrar seu delicioso lugar de emoção positiva — porque isto é, de fato, o paraíso que todos vocês procuram.
- Gostaríamos que o seu Sistema de Orientação oferecesse a você emoção negativa apenas durante o tempo

necessário a chamar atenção sobre algo, e que vocês fossem muito rápidos para fazer o processo de girar, muito rápidos para focalizar o positivo, e que o negativo durasse por pequenos *flashes* aqui e ali, apenas para que fossem usados como pontos de virada — assim, a experiência predominante que você vivencia é a de sentir-se muito bem!

- Nós gostaríamos que você pudesse "colocar seus pés (quentes e cansados) em um refrescante pavimento em vez de andar de salto alto num piso quente".
- Gostaríamos que cada criatura sobre a terra pudesse parar um dia e dizer: "A doença é um estado da mente, não tem nada a ver com bactérias ou hereditariedade — tudo reside na maneira como eu uso meus pensamentos".
- Nós gostaríamos que cada Ser no Universo estivesse neste lugar de gratificante conhecimento em que estamos. Porque assim não haverá razão para existência de barricadas ou celas ou paredes ou guerras — porque cada um entenderá claramente o que está atraindo para si. Assim, ninguém vai se preocupar com o que o outro faz porque todos entendem que o foco e a atenção no que estão fazendo trazem essas coisas para sua vivência.

Oh! De fato! Nós esperamos que haja um tempo em que sobre a terra todos vocês compreendam que são criadores de sua experiência, porque assim não haverá lugar para a culpa e o julgamento. Será um tempo abençoado.

Nós também percebemos o perfeito equilíbrio que existe agora mesmo. Em outras palavras: nós não lamentamos o fato de que esse não é o jeito com que cada um está vivendo, porque sabemos que há um ambiente aqui e que cada um de vocês escolheu isso para fazer parte de sua vivência. O resto do mundo e o próprio Universo não têm que estar perfeitamente em ordem para que você tenha sua experiência de vida, da mesma forma que você não tem que estar na extrema perfeição para viver. Mas nós gostaríamos que descobrissem isso. Vocês lembram aqueles arrepios que às vezes sentem, diante de algo que causa profunda emoção? Gostaríamos muito que sentissem isso ao acumular conhecimento.

Assim, esperamos que nunca mais seja dito o que nós queremos, mas sim o que todos vocês querem. Todos são abençoados e estão, no momento, em seu perfeito estado de ser. E o que mais nos interessa deixar claro é que todos vocês existem — independentemente do que pensam, de como vivem, se estejam ou não doentes, ou solitários ou mesmo pobres —, todos vocês existem — agora mesmo — no perfeito ponto de atração de tudo aquilo que desejam. Nós não somos diferentes nisso; apenas temos um pouco mais de prática na condução de nossos pensamentos em direção ao que queremos.

INCONFORMISTA QUERENDO REBELAR-SE

PERGUNTA: Eu percebo que a maior parte de minha criação de tudo o que acontece na vida vem do fato de ser rebelde. É como se eu quisesse tanto ser livre e ampliar tanto as minhas perspectivas que não houvesse muitas pessoas capazes de compreender isso. *E eu tentei ser conformista durante muito tempo e agora estou irritado, e tudo o que posso fazer é rebelar-me. É mais ou menos o seguinte: se todo mundo faz uma coisa desse jeito, eu não quero fazer.*

ABRAHAM: Nossa! Você tem sido assim por séculos (risadas do grupo). Não é novo nesta atual experiência física. Você é um grande buscador de liberdade. O que está descrevendo e a maneira como vê qualquer pessoa que considera rebelde é predominantemente a atitude adolescente, um rótulo. Vocês estão vivenciando a mesma coisa. Querem tanto a liberdade, freqüentemente impedida, que continuam com a mesma atitude porque essa tendência permanece à superfície com grande poder, justamente porque sentem falta dela. Você está querendo saber o que fazer a respeito disso?

INTERLOCUTOR: Sim.

ABRAHAM: Não é uma boa idéia permanecer com esse sentimento negativo por muito tempo. É preciso compreender que ninguém tem o poder de tirar nada de você... em outras palavras, o que pensa sobre um mundo que sente desconforto porque você não é conformista. Quem está certo e quem está errado? Você está certo ou eles estão certos? Ou será que você está mais errado? A questão real é que os outros não têm nada a ver com o que cada um é.

VOCÊ NÃO TEM NENHUMA RAZÃO PARA SER REBELDE QUANDO SENTE A SUA LIBERDADE ABSOLUTA E COMPREENDE QUE SEU COMPORTAMENTO NÃO ESTÁ LIGADO AO DE MAIS NINGUÉM.

Assim, o que seria se todo mundo pensasse a mesma coisa... isso não existe. *Não há um único ponto de vista com o qual todas as pessoas concordem. A diversidade é muito interessante. Suas diferenças nos motivam. O mesmo não acontece com muitos seres físicos porque são muito inseguros a respeito do que eles mesmos querem ou sobre o valor, o benefício, o rigor ou a verdade daquilo em que crêem. Então, acham que têm de convencer os outros com argumentos válidos.* Assim, o que está descrevendo sobre si é um mundo cheio de seres que tentam, muito, justificar suas posições. Dessa maneira, você está sempre numa atitude crítica em relação aos outros.

Veja, há um pensamento que predomina na sua sociedade física. Vocês emergem em seus corpos e se sentem imediatamente inseguros, porque é assim que o mundo físico se sente. Então, porque pensa que há força ou poder nos números, e não deseja sentir-se fraco, você se envolve com grandes grupos e diz: "Não seria uma maravilha se todo mundo pensasse e acreditasse no mesmo que eu?", desejando propagar sua religião, sua atitude, sua concepção sobre o governo.

Recentemente, alguém ofereceu um documento a Esther com idéias a respeito de promover um mundo de paz, na ânsia de que todos cheguem a um mesmo ponto de vista na terra, e que em determinado momento do dia parassem para refletir sobre a paz mundial. E quando Esther perguntou o que pensávamos a respeito nós lhe dissemos: *"VOCÊS ESTÃO PRESUMINDO QUE TODO MUNDO DESEJA PAZ, E TAMBÉM QUE HÁ UMA CONJUNÇÃO A RESPEITO DO QUE É ESSA PAZ".* Mesmo pensando que essa é uma coisa maravilhosa, e que isso seja muito melhor que a guerra, com uma posição dessas vocês permanecem como seres que impõem suas intenções a outros — acontece que isso não é liberdade. Porque se você exerce o livre-arbítrio, eles têm poder para lançar a guerra sobre você. Assim, ninguém está certo porque ninguém é livre, e todos vocês são livres.

Quando você sente a sua liberdade como resultado, talvez, de sua conexão com seu ser interior, que sabe sua liberdade, então você deixa de querer convencer quem quer que seja de que o que está fazendo é certo. Você perde essa necessidade de justificação e isso é verdadeiramente o comportamento rebelde. É tentar justificar sua atitude.

Quando você se sente livre, pode ser o que quiser sob qualquer condição, e realmente não se importa sobre o que os outros pensam a respeito, porque sabe que é problema deles. Isso não tem nada a ver com você. E quando realmente se sente assim, você está em um lugar de permissão — sabe que aí está quando alguém não aprova você e isso não tem a menor importância. Não estamos falando aqui a respeito de tolerância, de apenas dizer "tudo bem, deixa que eles...", mas sentir negatividade a respeito. Nós estamos falando sobre saber que outros desaprovam o que você faz e isso não significa problema para você, porque sabe que permanecem no mundo deles. E você não permite que tenham influência sobre você.

AGORA AQUI ESTÁ O QUE QUEREMOS ENCORAJAR CADA UM DE VOCÊS A FAZER QUANDO SENTEM NEGATIVIDADE A RESPEITO DE QUALQUER COISA: MUDE SEU PENSAMENTO, PENSE SOBRE OUTRA COISA.

Então, quando você imaginar que o mundo deseja o seu conformismo, apenas pare e olhe para o seu interior. A sua grande preocupação deve ser quando você está numa caixa muito estreita, naquele espaço limitado à família, igreja ou comunidade, com influência alheia predominante. É quando sente um grande desejo ou necessidade de estar de acordo com o que é geral para não ser desaprovado. Mas quando sai da caixinha e dá uma boa olhada no mundo, você percebe que há inúmeros seres querendo coisas diferentes e assim pode concluir que a conformidade não é algo possível. Você sabe que há povos em algumas partes do mundo que comem insetos? Há inúmeros exemplos que podemos citar a respeito, mas não é necessário.

Nós percebemos muito bem qual é a sua preocupação, mas gostaríamos que você desenhasse uma grande imagem em vez de uma bem reduzida. *Queremos que você compreenda que não há valor nenhum em tentar conformar-se, até porque a idéia de conformidade é inteiramente oposta, ou está em total contradição, com a sua razão de viver.* Você veio a esta experiência física no tempo presente porque viu tanta variedade como um enorme campo de possibilidades porque você é criador. E você sabe, de sua mais profunda perspectiva, que a criação acontece pelo pensamento. Assim, quanto mais pensamentos, mais idéias, quanto mais crenças, melhor você pode trabalhar na criação.

Portanto, não é preciso sentir-se ameaçado quando vê algo diferente do que você acredita ou pensa... Por que sentir-se ameaçado? Isso só acontece quando você não entende as Leis.

Você se sente ameaçado só quando acredita que alguém faz uma coisa que não está em harmonia com o que você quer e que de alguma maneira isso vai entrar na sua vivência. E NÓS DIZEMOS QUE ISSO NÃO PODE ACONTECER SE VOCÊ NÃO PRESTAR ATENÇÃO PORQUE O QUE VIVENCIA É CONVIDADO POR MEIO DO PENSAMENTO. E, toda vez que focalizar um pensamento a respeito de algo que não quer, seu ser interior oferece a você uma resposta emocional para que se conscientize disso. Ou seja, você não se sente bem a respeito. É uma clara indicação de que aquele pensamento não está em harmonia com o seu maior desejo. Assim, não faça isso.

Pare de pensar a respeito. Não lhe parece uma coisa fácil? Quando nós dizemos "não pense sobre isso", o que você faz? Você pensa em não pensar sobre isso, mas permanece pensando na coisa que dissemos para não pensar. Então, o que você deve fazer? Pense sobre outra coisa. Você não pode remover um pensamento, mas pode gerar outro.

A Lei da Atração não vai fazer com que seja eliminado um pensamento. Você não pode se concentrar em não pensar em algo, de maneira forte o suficiente para conseguir isso. Porque quanto mais resolva não pensar a respeito de algo, mais permanecerá centrado nesse ponto. Reflita. (risadas do grupo) Mas você pode mudar de tema, não pode? Essa é a verdadeira arte do processo de girar. Ou seja, focalizar realmente aquilo que você quer. Mais alguma coisa?

UMA DOR NO PESCOÇO

PERGUNTA: Eu reconheço que, realmente, parte disso é positiva e a outra parte, você sabe... Eu realmente gostaria de fazer as coisas de outra maneira... quero dizer... sinto essa nova energia criativa em mim... mas ainda tenho medo disso. Aquela velha outra parte de mim continua funcionando. *Tive uma terrível dor na parte posterior do pescoço. Não sei se está relacionada com essa minha realidade... continuamente de volta ao antes. Está?*

ABRAHAM: É a sua resistência.

INTERLOCUTOR: Eu sempre estou voltando. Eu sei que é difícil não pensar nisso, mas a presença da dor não me deixa esquecer...

ABRAHAM: *É muito difícil não pensar em algo em que se pensava muito. Mas veja bem... a dor é perceptível. Muitos não entendem isso, mas morda seu dedo e observe o que acontece com a dor do pescoço.* (risadas gerais) Estamos nos divertindo aqui com você, mas o que queremos dizer é que deve focalizar sua atenção em outra coisa, até porque você só pode pensar em um tema de cada vez. É muito importante entender isso. Se você tem uma dor contínua e permanece com o foco nesse universo, estará sempre voltando atrás, num ir e vir contínuo. Você focaliza a dor porque é o que está sentindo. Mas, se se voltar para outros pensamentos, a dor irá embora.

PERGUNTA: Então, devo manter meus pensamentos mais voltados a essa incrível energia que flui para mim e em todas as coisas que eu quero... e apenas permaneço girando?

ABRAHAM: Sinta o poder de sua energia. Reconheça que a energia não-física chega a você para que possa utilizá-la. Sempre que fizer isso, vai funcionar. É uma questão de discernimento trazê-la com seus pensamentos e fazendo com que tudo siga em uma só direção. "Eu quero ter um carro vermelho novo — mas é muito caro..." Quando formula o desejo dessa maneira, o que faz com a energia? Você a mandou em duas direções distintas. Então, para onde está indo? Para lugar nenhum.

É como você mesmo diz, descrevendo tão bem o que sente: "Eu estou com muita expectativa a respeito das coisas que posso fazer, mas tenho medo". Então, não é de admirar que seu pescoço doa, porque é como se você estivesse lutando consigo mesmo.

Nos primeiros tempos, quando Esther começou a falar por nós... ela costumava sentar-se muito quieta e concentrada porque estava em grande expectativa mas realmente também um pouco amedrontada. Então, depois de uns 10 minutos, ela já estava muito cansada. Costumava dizer "ABRAHAM, está me usando muito rápido". Ela sentia como se seu corpo estivesse esgotado. E, nesse pequeno lapso de tempo, já não havia energia no seu corpo nem para permanecer na mesma posição ou ereta. Ela tinha de ir direto para a cama. Nós tínhamos de falar por 10 minutos, no máximo, e ela passava depois toda a manhã deitada. Não porque a energia não fosse valiosa para ela. Não porque fosse uma energia prejudicial. Não porque qualquer coisa ruim estivesse acontecendo. Mas porque ela estava seguindo em duas direções. Ela queria e não queria. E a resistência é muito cansativa. Quando ela relaxou e percebeu que éramos todos muito bons, não "maus elementos", quando percebeu que aquela era uma experiência benéfica, gloriosa e brilhante para ela e para qualquer pessoa com a qual estivesse compartilhando, agora ela diz "sim" para tudo isso e a energia flui como tem que fluir e ela se sente maravilhosa. Isso também acontecerá com você. Muito bem. O que mais?

MUDANDO SERES EM CULTURAS CONFORMISTAS

JERRY: Sobre mudanças. Eu disse a Esther, no passado, que nós nunca teríamos ficado juntos se mantivesse minhas decisões sobre quem queria namorar. Tinha que ser uma mulher bem magra e não muito alta, porque como um acrobata eu tinha de lançá-la no ar e recebê-la de volta, portanto não estava interessado em alguém que pensasse, mas apenas no tamanho. Quando Esther apareceu, era mais alta do que estava no meu modelo e também mais pesada, mas ela estava interessada nas mudanças que eu havia feito. Eu estava mergulhado em uma cultura que acreditava que você devia permanecer sempre com a mesma esposa, no mesmo emprego, no mesmo lugar e no mesmo grupo político, mas eu havia tido cerca de 20 profissões ao longo dos anos e passara por muitas transformações. Portanto, eu não estava seguindo o que tinha que seguir. *Então, como pode uma pessoa viver numa cultura que acredita que você tem que permanecer com suas decisões originais e ainda assim permitir mudanças individuais?*

ABRAHAM: Muito doloroso. Muitas pessoas não lidam muito bem com isso porque é uma questão que desafia, ou contraria, sua absoluta necessidade de liberdade. Assim, se você se sente limitado por regras e leis da sociedade, é comum que lute e se revolte contra elas. Muitos de vocês se ressentem disso e colocam-se numa posição de defesa ou justificativa dessas posições, atraindo dessa forma mais emoção negativa.

O que nós queremos transmitir é que sabendo ou não, ou tendo ou não conhecimento, você vive em liberdade absoluta. Você é tão livre que cada pensamento seu se traduz no modo como vive. Pode haver liberdade maior do que essa? Você é tão livre que cada pensamento entra no equilíbrio do que vive.

As leis não afetam você; é sua atenção em relação a elas que o atinge. A presença dos vizinhos não o afeta, mas sim a atenção que lhes dispensa. Trata-se de liberdade absoluta mesmo que você não tenha conhecimento disso.

Numa sociedade que quer manter você conformista, aqueles que conhecem e reconhecem sua liberdade, a partir de uma perspectiva íntima, se agitam e resistem, com grande dificuldade, diante desse problema — até que você finalmente assume que é livre. E termina com esse conflito dizendo "eu não me importo nada com isso".

Você finalmente chega ao ponto em que não tenta mais agradar aos outros, porque tem suficiente clareza de que não pode fazer isso, mesmo que se esforce muito. Simplesmente porque há muitas pessoas. E, portanto, inúmeras intenções diferentes. Inúmeras crenças diferentes. Finalmente você se retira dessa arena, na qual sempre é derrotado, e vai para outra, cheia de claridade, onde a vitória é absoluta: a arena de identificar o que quer e então, de maneira disciplinada, pensar só sobre o que você deseja.

CINTOS DE SEGURANÇA, LEIS E ESTATÍSTICAS

PERGUNTA: Eu gostaria de falar sobre cintos de segurança. Tenho um problema com o fato de que é obrigatório usá-los em meu automóvel e discuti com muitas pessoas, em diferentes ocasiões, a respeito do tema. O que sempre ouço de volta é "bem, mas as estatísticas dizem isso, dizem aquilo". *Eu também resisto às estatísticas. Sou um indivíduo e só porque determinadas coisas acontecem a milhões de outras pessoas não significa que também sucederão comigo.*

ABRAHAM: Muito bem. Isso é correto, porque o que as estatísticas fazem não influi nas intenções daquele ser que eventualmente pode ser lançado através do pára-brisa. Em outras palavras, há muito mais o que depreender disso do que indicam as estatísticas.

INTERLOCUTOR: Eu até penso que focalizando a atenção em estatísticas podemos criar outras, que talvez conduzam no sentido contrário, como as de câncer de mama, por exemplo.

ABRAHAM: Certamente. Isso é pura verdade. A atenção para qualquer tema... Por que você acha que tantos petroleiros estão espalhando combustível por aí? Por que acha que há tanta loucura com os vôos aéreos? Por que você acha que se pensa mais em ter câncer neste momento de alta tecnologia? Por que você acha que a Aids está se expandindo tão depressa? É a atenção que se põe nisso.

INTERLOCUTOR: Bem, isso sempre me preocupou, por isso trouxe o assunto à baila. E costumo dizer que algumas pessoas comentariam, se eu morresse num acidente de carro sem estar usando o cinto de segurança, "viu só no que deu?". Mas eu não acho que isso vai acontecer. E você?

ABRAHAM: Não vai.

INTERLOCUTOR: Não é que eu não acredite em cintos de segurança, mas sim que nunca usei, e de fato há casos documentados sobre esses acidentes, não tantos quanto aqueles em que as pessoas estavam sem o cinto...

ABRAHAM: Ah, você não precisa justificar.

INTERLOCUTOR: Eu compreendo isso agora.

ABRAHAM: Há um ponto que queremos que seja considerado. Cada vez que você ajusta seu cinto de segurança *ressentido* com a idéia de que há uma lei obrigando a isso, "*como você está utilizando a energia não-física em seu benefício?*" Assim, você se sentiria melhor se não ajustasse o cinto para não se irritar com isso. Em vez de usá-lo contra a sua vontade. Em lugar disso é melhor fazer isso usando o processo de girar passando a uma atitude de colocar o cinto porque tomou a decisão de fazê-lo, não porque é a lei, mas porque você, agora, está escolhendo isso. Jerry e Esther estão dirigindo um carro pequeno hoje, que não permite que tomem uma decisão dessas. Quando eles abrem a porta, o cinto se solta e quando se sentam e fecham a porta o cinto automaticamente os envolve.

JERRY: É um carro alugado no aeroporto.

INTERLOCUTOR: Isso já me aconteceu também e de fato é até bem divertido. Há uns anos tive de alugar um carro e andar alguns quilômetros com ele e foi hilariante quando aquilo atravessou meu peito e eu apenas dei risada. Você está certo, não há opção. Minha questão é: se sinto que devo usar, devo poder ajustá-lo e, caso contrário, não vou me preocupar com isso.

ABRAHAM: O que nós queremos lhes oferecer a partir dessa perspectiva é: vocês têm muitas leis em seu país que nem sequer conhecem. Até porque elas não atraem nenhuma atenção. Ninguém se importa com elas. São escritas, mas não os afetam, ou não a todos vocês, exatamente por isso não se fixam nelas. Por outro lado, há leis que atraem muita atenção e, portanto, afetam mais vocês. Se pudessem colocá-las todas em um único pacote e simplesmente dissessem "temos leis, algumas nos afetam, outras não, e não vamos dar muita atenção a elas", estariam num estado emocional muito melhor a respeito do tema.

Temos falado e discutido que todos são seres procurando liberdade. Assim, neste contexto, parece contraditória a deliberação da Suprema Corte a respeito de testes de nível alcoólico nas estradas, mesmo que não haja nenhuma razão para parar e examinar alguém. Ou mesmo outras regras a respeito de punições por queima de bandeira, por exemplo. Quando esses assuntos vêm à baila, muitos de vocês que são buscadores de liberdade começam a questionar "quando isso vai terminar?" E nós lhes dizemos — *o que vocês estão fazendo com a energia não-física quanto a isso?*

Quando vocês têm esse tipo de sentimento que os leva a dizer "onde isto vai nos levar" nós respondemos que utilizam a energia não-física contra a liberdade que estão procurando. Sua resistência ao que vocês pensam que eles estão fazendo com vocês realmente afeta sua experiência muito mais do que essas leis.

Considerem-se em separado, individualmente, vejam-se atraindo pelos pensamentos que criam não tentando justificar. Aqui está uma questão importante para reflexão: existe a possibilidade de que algo o afete negativamente como alguém dizer que quando você está em seu automóvel terá de parar para ser examinado para avaliação de sua sobriedade. Isso acarreta fortes sentimentos negativos e então você trata de justificá-los, tentando alinhar todas as razões por que eles estão errados e você certo, por resistir à idéia do teste. Isso é despender uma grande carga de energia não-física em direção ao que *não* deseja. Estará concorrendo para que sejam criadas mais leis a respeito daquilo sobre o que focaliza sua atenção, e assim resiste mais ainda e novamente trata de justificar-se. Em um moto-contínuo.

Vocês não têm de justificar o modo como se sentem. A maneira como você se sente é a maneira como você se sente. Ponto. *NÃO IMPORTA O QUANTO VOCÊ SE JUSTIFICA, PORQUE AO SENTIR EMOÇÃO NEGATIVA VOCÊ ESTÁ COMPLICANDO SEU FUTURO.* (isso foi dito muito forte, levando o grupo a rir muito) Nós queremos que vocês escutem isso.

Nós concordamos. Algumas coisas que acontecem com vocês são intoleráveis e também há gente intolerável que decide sobre coisas que vocês são obrigados a fazer — querendo ou não. *É tão intolerável que a lei natural não permite.* Portanto não se preocupem com isso. Não importa que digam ou façam leis que só eles desejam, porque isso não atrairá sua atenção e nunca, nunca, NUNCA fará parte de sua experiência. ISSO DEPENDE DE SUA ATENÇÃO.

A cada vez que é aprovada uma lei de que não gosta, jogue naquele pacote em que estão todas as outras. E isso não afetará você. Justificar sua posição, em contrapartida, atrairá isso.

Atente apenas para o que você deseja. Nem considere o que não deseja e viva a liberdade que é absolutamente sua, a liberdade que ninguém, sob nenhuma condição, pode tirar de você, mesmo que tente muito. Se palavras alheias o irritarem, você não é livre. Se permite que suas palavras lhe façam mal, são essas palavras que prendem você. *MUITOS DE VOCÊS SÃO MAIS AFETADOS POR PALAVRAS ALHEIAS DO QUE POR SUA PRÓPRIA EXPERIÊNCIA.*

Houve momentos em que muita gente neste mundo ficou horrorizada com determinada obra, digamos, de um grupo musical, por considerá-la obscena e imprópria. Isso costuma gerar muita controvérsia, e nós dizemos que vocês têm a opção de ouvir ou não esse tipo de música, de comprar ou não esses discos. *Vocês têm escolha absoluta a respeito de todas as coisas.*

Pratique suas opções de ouvir, de falar, de pensar, de dar atenção. Pratique a liberdade que é absolutamente sua e viva feliz para sempre.

PODEMOS CONFIAR NAS ESCOLHAS MUSICAIS DE NOSSOS FILHOS?

PERGUNTA: Continuando neste mesmo tema, o que os pais de adolescentes e crianças afetados por este tipo de música podem fazer? Eu não tenho crianças e isso não me diz respeito, mas estou curioso para saber como se pode enfrentar isso. Como lidar com algo assim tão sério?

ABRAHAM: Não é fácil para os pais soltar seus filhos. *Pais gostam da idéia de liberdade enquanto é a deles — mas não quando ela é relativa à prole.* O que eles passam às crianças é: "Eu sou um ser livre, no Universo, mas vocês, não. Eu sou livre para pensar o que quiser, mas vocês não porque são muito pequenos ou não espertos o suficiente para saber o que é melhor para vocês". Isso começa bem cedo, mas tende a se expandir para quando eles são maiores, também. Ou ambos são livres ou não.

Os pais devem permitir que seus filhos tenham liberdade para experimentar. Cada criança tem de fazer o que é capaz. Se sempre alguém toma decisões por ela, nunca poderá decidir por si mesma. Jamais será criadora, ou seja, não poderá fazer o que decidiu quando veio ao mundo. E as crianças se ressentem e se rebelam quando não têm liberdade suficiente.

Por isso é bom começar com um exemplo de música. Às vezes há muita controvérsia a respeito nas famílias. *Mas acostume-se a permitir as escolhas, como você quer vivenciar a sua própria liberdade.*

Sabemos muito bem que esse é um negócio complexo, mas, se nós fôssemos pais como vocês, "como você se sente quando ouve essa música?" ***SE ELA ESTÁ FAZENDO COM QUE VOCÊ SE SINTA BEM, ENTÃO PROSSIGA; SENÃO, PARE.***

As crianças são levadas a isso porque se dá muita atenção ao tema. Se você disser a alguém pequeno "há algo que você não deve ver" e verá que a criatura fará tudo para conseguir ver o que é proibido. Simplesmente porque eles não querem perder nada. Suas pequenas mentes procuram evolução.

Aqueles que acreditam que têm de lutar contra isso são, como estávamos falando a respeito de justificar posições, os maiores catalisadores da polêmica calorosa a esse respeito. Quanto mais atenção negativa derem a isso, mais famosos esses grupos serão, e milhões de pessoas estarão querendo ouvir o que é alvo de tanta discussão.

ELE RECLAMA CONTRA LEIS SOBRE USO DE CAPACETES

PERGUNTA: Eu quero tocar em um ponto já mencionado antes *com relação às leis e ao governo que as define. Por exemplo, o caso dos cintos de segurança. No Texas isso é lei. Eu ando muito de motocicleta e tenho que usar capacete. Eles me obrigam a isso.*

ABRAHAM: É um protetor? Nós pensamos na sua cabeça mais do que um simples pacote para acondicionar o cérebro.

INTERLOCUTOR: Esse é um bom ponto. Você pode imaginar o que aconteceria se eu deixasse de usar essa proteção e sofresse um acidente numa estrada... Quanto estaria exposto por causa disso. Seria até mesmo um mau exemplo. É melhor usar. Mesmo considerando que eu não gosto de usar esse acessório.

ABRAHAM: Nós acreditamos que essa sua crença, acima de tudo, assegura a você a possibilidade de trafegar com a moto. Nós queremos ponderar que, como ser livre que você é, usará o capacete de maneira apropriada, exatamente como Esther dirige na velocidade correta para cada trecho da estrada.

UM DIAGNÓSTICO DEBILITANTE

INTERLOCUTOR: Eu quero tocar em outro assunto que diz respeito ao meu organismo físico. Trata-se de meus olhos e eu já falei a respeito deles com você antes. Creio que há cerca de quatro meses. Você recomendou que me concentrasse no remédio que estava tomando em vez de no fato de que meus olhos estavam correndo sério risco. Havia um coágulo atrás da retina e eu já estava quase cega de um olho, com a possibilidade de que isso se repetisse no outro. Eu tinha muita dificuldade de remover esse pensamento da mente. "O que faria se ficasse cega?" Acontece que cada vez que eu abria meu olho, particularmente à noite e olhando para uma parede branca, podia observar esse ponto ali, era como se houvesse uma face oval olhando para mim. Era aterrorizante. Mas eu me concentrei no remédio, na certeza de que havia de me curar. Porém, isso fez com que todo o meu corpo se ressentisse. Eu comecei a sentir dor em cada ponto do organismo, exceto no olho. Progressivamente, melhorava. Muito devagar pude perceber que as coisas ficavam mais claras. Eu me concentrei em ambos os olhos. E fui para o exame clinico. O médico ficou eufórico quando dilatou as pupilas. De fato eu já podia até ler outra vez. Eu fiquei realmente feliz. Senti-me muito bem ao conseguir fazer isso. Então ele olhou para dentro do globo ocular e descobriu sangue. Isso era particularmente alarmante porque, quando o sangue aparece na retina, pode explodir. Eu quase caí da cadeira.

ABRAHAM: Os médicos podem levar você rapidamente ao limite do desespero, não?

INTERLOCUTOR: O diagnóstico era que seria preciso fazer uma cirurgia a laser. É muito arriscada, então eu decidi : "Não, eu não quero o laser; eu mesma vou me curar". Na próxima semana, quando voltei ao consultório, ele olhou o globo ocular e disse: "Estou absolutamente surpreso; nunca, em 50 anos de carreira, vi nada parecido".

ABRAHAM: Diga a ele para anotar isso. Talvez ele veja mais casos semelhantes.

INTERLOCUTOR: O sangue havia diminuído e na última consulta que fiz, há duas semanas, reduziu ainda mais. Eu estou vendo melhor o tempo todo, inclusive do meu olho esquerdo. *Está melhorando muito. Minha questão é que eu gostaria de aumentar a rapidez dessa recuperação.*

ABRAHAM: *Você está vivendo no equilíbrio dos seus pensamentos, então diz "é maravilhoso como tudo está acontecendo e eu desejo que seja mais rápido". O processo será mais rápido. VOCÊ NÃO SÓ TEM QUATRO MÃOS PARA CONDUZIR A DIREÇÃO, MAS TAMBÉM QUATRO PÉS PARA PISAR NO ACELERADOR. Verdadeiramente. Quanto mais você dá atenção positiva a isso, mais o processo se acelera. Se fica focado no que quer e também no que não deseja, a coisa vai devagar. Se você só focaliza o que quer, exatamente, o ritmo é bem maior. Se focaliza demais o que você não quer, é isso que será dinamizado. É preciso encontrar o equilíbrio certo.*

Você percorreu um longo caminho, como integrante desta sociedade, não aceitando o que o médico indicou como prognóstico, nem como conduta. Você afirmou: "Não, eu não farei isso".

Nós experimentamos com Esther o que pode acontecer com as pessoas a partir das palavras de um médico. Um diagnóstico de poucos segundos levou Esther a trabalhar dois meses no processo de girar, tempo em que vivenciou uma série de manifestações físicas que nada tinham a ver com o que ela desejava. Foi estimulação de pensamento, em razão de uma opinião alheia que ela considerou. E todo o tempo nós dizíamos para ela: "Está tudo bem. Apenas relaxe e isso vai passar. Isso está acontecendo porque foi estimulado pelo pensamento de alguém que fala para justificar a razão de sua existência".

Você precisa entender que aqueles que foram preparados para treinar a observação de coisas ruins em você, quando olham, vêem apenas coisas ruins. E vocês, como são cooperativos, tentam arduamente dar a eles algo para ver. Essa é a maneira como pensam. Mas vocês são bastante sábios para dizer: "Não, eu não quero a sua cirurgia a laser. Não desejo esse tipo de procedimento. Nem sequer ouvir sua opinião. *O que quero mesmo é me sentir livre, feliz e evoluir cada vez mais. Almejo ter um corpo magnífico, e cheio de vida e saúde, para assim me sentir muito bem. E o que eu quero é o que eu quero". Assim, você mesmo se motiva para trazer isso em sua direção.* Isso, quando sabe o que quer sentir e ter...

Nós sabemos perfeitamente que se aquela cirurgia a laser fosse a resposta para o seu caso, com as crenças e intenções que você carrega, quando o médico tivesse proposto esse procedimento, diria simplesmente "sim". Você teria sentido um alívio a respeito. Você sentiria algo como: "Sim, essa é a conduta apropriada". Mas como sentiu que isso não estava em harmonia, rapidamente descobriu a razão. A melhora vai continuar.

Não há nenhuma razão para que você vivencie algo que não esteja no contexto da boa utilização de energia, a partir do seu pensamento. Isso é tudo. E nós dizemos isso não para criticar você, porque eventualmente pense que foi influenciado por outra pessoa. *Há muita influência ao seu redor. A própria idéia de que o corpo degenera quando você tem mais idade foi inculcada na sua vivência e oferecida como uma influência. Você a considerou o suficiente no equilíbrio do seu pensamento. Como integrante da sociedade, um indivíduo, você aceita o que ouve e então vivencia essa degeneração. E nós lhe dizemos o contrário e isso não causa resistência em você quando nos ouve. Certamente porque no seu interior sabe muito bem que não há razão nenhuma para esse declínio. Nunca há uma razão para vivenciar senão o nosso auge, sempre.*

Nós observamos uma correspondência que chegou do Texas e chamamos atenção para a influência negativa da mensagem que continha. Para Esther dizia "agora que você está chegando em tal idade deve esperar essas coisas". Da mesma forma alertava Jerry de que "quando você chega em tal idade sentirá tais coisas". É óbvio que você não quer participar desse tipo de censo, que estipula determinadas ocorrências para determinada faixa etária. Você não quer se sentir menos bem por causa da passagem dos anos e efetivamente pode vivenciar sempre o seu auge. É glorioso sentir a sua liberdade, não é?

A PROGRESSÃO NATURAL DAS CÉLULAS DO CORPO

JERRY: Então o que você pensa sobre a natural progressão das células do corpo, depois dos 50 anos de uma pessoa?

ABRAHAM: *Exatamente como no começo. Isso responde a sua expectativa. Quando você é pequeno, espera crescer e ficar forte. Você espera isso até determinada idade. Aquela que se costuma chamar "o auge".*

PERGUNTA: Por que aceitar isso?

ABRAHAM: Você não tem de aceitar isso. Aceita seguindo o exemplo de muitos, porque este é o consenso na sociedade em que vive. Assim, sua tendência, como indivíduo, é seguir a maioria, embora não precise fazer isso.

Quando você finalmente diz "esse pode ser o seu mundo, mas não é o meu, eu escolhi outro". Então você pode dizer para qualquer um, com toda a propriedade: "MINHA EXPERIÊNCIA DE VIDA É TOTALMENTE PRODUZIDA POR MEU PENSAMENTO E MEU PENSAMENTO É UM PRODUTO ABSOLUTO DA MINHA DECISÃO. E A MINHA DECISÃO DERIVA DIRETAMENTE DO MEU DESEJO. E O MEU DESEJO É GERADO PELO MEU CONHECIMENTO". Essas pessoas que pretendem influenciar você com outra idéia irão embora no meio dessa sua fala. Elas desaparecem antes que você termine de concluir seu pensamento. Mas no fim das contas você permanecerá com sua firme posição, frisando: "Não há nada que eu não possa ser, fazer ou ter. Isso inclui saúde, prosperidade e boas relações. Exclui cegueira, câncer, Aids, pobreza, ou mesmo cintos de segurança". Deu para entender?

EFEITOS DAS CRENÇAS E EXPECTATIVAS DA SOCIEDADE

JERRY: *Sim, nós realmente não temos a possibilidade de não sermos contaminados por crenças e expectativas porque nascemos dentro delas. Podemos, sim, trabalhar a respeito disso e alterar essa realidade, mas mesmo assim constantemente somos assediados.*

ABRAHAM: *Vocês estão aqui com vivências que são exemplos para que se possa dizer: "As crenças e expectativas da sociedade podem não me afetar. De fato são fortes e me envolvem desde o princípio, mas não necessariamente podem me afetar — só se eu permitir isso. Assim, algumas eu realmente assumo.* Eu aceito a idéia do amor físico. Eu aceito a idéia de saborear maravilhosas comidas. Eu aceito andar descalço sobre a grama. Eu aceito a idéia de mergulhar meu corpo em uma água muito bonita. Eu aceito a atmosfera e o oxigênio. Neste lugar, há muitas coisas em que acreditar e idéias para abraçar. Mas também há muitas que eu não aceito. É como uma cozinha atulhada de todo tipo de ingrediente que se possa imaginar. Eu, porém, só escolho o que me cai muito bem porque tenho muito critério".

Você vai a um restaurante e experimenta tudo, ou olha o menu e pede o que sabe que vai lhe agradar? Você come tudo o que vê ou antes trata de identificar o que é aquilo? Esther cheira tudo antes de colocar na boca. Ela se assegura do que vai ingerir porque antes passou pelo crivo do seu nariz. E isso é o que nós encorajamos vocês a fazer com tudo que lhes chega.

Você não tem de aceitar nenhum pensamento antes de avaliá-lo a partir de suas próprias intenções e crenças, só assim saberá, a partir do modo como se sente, se é um ingrediente que vai ou não fazer parte de sua experiência. E como é que você rejeita algo? Tire sua atenção disso. Você não deve rejeitar algo dizendo: "Isso é ruim, isso é ruim. Devia haver uma lei contra isso. Tem de acabar. Tomara que alguém faça isso. Nós precisamos de mais polícia nas ruas. Precisamos de mais leis". Se é isso que você diz, é o que terá. Quanto mais atenção der ao que não quer, mais isso fará parte de sua vivência.

Não há nada melhor para trazer algo para a sua vivência senão ficar ansioso a respeito. Quanto maior o estado de excitação — tanto positivo quanto negativo —, mais depressa isso virá. E o que faz com que você fique nesse extremo estado de excitação? Falar a respeito disso. Ou conversar com pessoas que estão muito preocupadas com isso.

Esther é a mais acurada ouvinte do mundo. Ela é capaz de ouvir coisas ditas em mesas muito distantes daquela em que está sentada em um restaurante. Ela sabe o que está se passando mesmo longe dela. E o que observa, e nós também pelos seus ouvidos, é que o mundo se delicia com histórias de horror. Tudo o que precisa fazer é dizer a alguém alguma dificuldade que tenha e receberá de volta um amplo relato de todas as dificuldades que tem seu interlocutor a respeito desse tema. Assim, pela Lei da Atração, você começa a observar suas expectativas por meio dessa lente. Por isso nós costumamos dizer, não abra uma frestinha em sua porta porque se isso acontecer você terá de fazer muito mais esforço para impedir que ela se escancare.

LUTANDO CONTRA UMA SOMBRA

PERGUNTA: Minha filha tem mais de 30 anos e é muito acelerada. Freqüentemente, se eu tento acalmá-la, o efeito não é bom. Um exemplo: se quero permanecer em quietude, somente para ouvir, ou mesmo se quero estar um pouco distante, ela acha que eu não me importo com ela. Se sugiro "vamos relaxar, descansar um pouco", ela retruca: "Eu quero falar sobre isso agora". E eu me vejo lutando contra uma situação da qual não consigo sair ou mesmo contra uma sombra. *Nós somos muito diferentes e eu fico imaginando por quê. Eu penso que talvez seja porque eu sou uma enfermeira, alguém capaz de ajudar a curar, ela imagina que eu possa consertar a sua vida. Eu também penso assim, talvez. Então, ela vem a mim. Sou positiva e otimista, e ela tende a ser meu oposto. Não sei como lidar com isso. Pode me ajudar?*

ABRAHAM: Tal como qualquer pessoa conhecida, incluindo sua filha e você mesma, há uma tendência dupla, tanto negativa quanto positiva. Em outras palavras, ninguém é totalmente positivo ou negativo. Vocês têm a possibilidade de acomodar ambas as sensações em seu interior porque ao lado de cada coisa que desejam existe também a carência dela. Exemplos? Cada vez que pensam em dinheiro, logo identificam a falta dele para cumprir algum compromisso ou desejo. Conseguem entender a idéia que lanço aqui? Toda vez que pensam em saúde, surge algo que se coloca ao lado disso, a respeito de doença. É difícil para vocês imaginar alguém muito saudável, sem contrapor essa imagem com a de outro muito doente. É também complicado pensar a respeito da abundância de dinheiro sem pensar na falta dele. Em outras palavras, os pensamentos sobre o Universo são sempre bem balanceados.

Como você sabe que sua filha tem a possibilidade de oferecer tanto o negativo quanto o positivo, mesmo que dela receba o negativo, predominantemente, a questão que tem diante de si é: "Por que estou atraindo isso para mim?". Ou seja, "Por que ela está presente assim em minha vivência? Estou focalizando carência. Eu concluí que ela é dessa maneira. Minha expectativa a respeito dela..."

Aí estamos, de volta, a uma situação que aparenta ser sem saída. "Expectativa" é algo que sempre vem acompanhado. "Minha expectativa a respeito disso tem uma boa quantidade do que eu mesmo imagino interiormente. Assim, o que devo liberar?" Antes de tudo, isso significa que seja uma pessoa má, mesmo que tivesse esse caráter predominantemente negativo? Não. Simplesmente quer dizer que ela é semelhante a qualquer outro ser do Universo. Ela tem a probabilidade de tender para um lado ou para o outro, mas neste momento escolheu um deles. Agora, ela está vivenciando o fator negativo. Isso faz de mim, a mãe, má pessoa porque atraio isso para minha vivência? Não, certamente! Apenas revela que por agora estou atraindo ou dando muita atenção ao que não desejo. Mas essa é uma vivência para o momento. Só isso. Como eu me sinto a respeito? Gosto ou não? É pesado ou não? Se parece terrível, significa que não desejo. E como eu posso me livrar de algo que não desejo? Qual é a única maneira de livrar-se de algo indesejável?

É interessante a analogia que você fez, ao dizer que parece estar lutando com uma sombra, da qual não pode se livrar por mais que tente e mesmo que peça ajuda alheia. Essas tentativas são sempre feitas da maneira errada.

Nós vamos lhe dizer como pode se livrar dessa sombra. Preste atenção. Fixe o seu pensamento em qualquer outra coisa que não seja essa sombra e no momento exato em que mudar de sujeito o anterior vai sumir.

Você pode se questionar (diz para Jerry): serei um ser completo e acabado? Você nunca será. Nós, na verdade, realmente não queremos ser completos — no sentido de absolutamente acabados.

PALAVRAS PARA MELHORAR UM RELACIONAMENTO

JERRY: *O que você sugere que podemos utilizar, de maneira geral, para melhorar relações com parentes problemáticos, crianças rebeldes, parceiros negativos ou sócios com visão oposta à nossa?*

ABRAHAM: ... ***(silêncio)... Se você não ouvir uma só palavra de nós... ou se não disser absolutamente nada a esse parente, filho ou sócio, senão: "Penso que você é uma criatura maravilhosa e acho que ambos estamos tentando encontrar uma maneira de nos relacionarmos muito bem. Eu sei que dentro de cada um de nós existe um ser extraordinário e quero vê-lo em você e que, igualmente, você o identifique em mim". Se você disse isso à pessoa, cara a cara ou mesmo apenas mentalmente, ela captará a mensagem. E ambos se beneficiarão disso.***

Leve sempre aquele Livro de Aspectos Positivos (lembra-se? aquele que sugerimos, antes...) e o mantenha à mão para que possa ser constante fonte de inspiração. Porque, se você mantiver a atenção sobre os aspectos positivos de sua vida, a Lei — mesmo que não a conheça ou não a entenda — funciona na mesma freqüência. Ela existe e é inexorável. É pela Lei que você começa a atrair coisas positivas para a sua vida.

A VIDA É PARA SER DIVERTIDA.

Você sabe muito bem disso, porque fazia parte de seu plano inicial, antes mesmo que assumisse seu corpo físico. Você afirmou: "Eu seguirei adiante e vou vivenciar a delícia que é ter um organismo físico". Você não disse: "Está bem, vou seguir adiante (em um tom sem vivacidade nenhuma), de qualquer jeito... Vou seguir as regras (bravamente) com perseverança. Sei que será horrível, mas vou resistir. Sei que tudo estará contra mim, porém sou forte".

Quando você veio, sabia muito bem que não teria de explicar nada a ninguém. Aliás, ninguém lhe diz que deve provar algo, nem sequer a si mesmo.

O que você disse, lá atrás, antes de vir, foi: "Eu vou assumir uma forma física para ter uma experiência gloriosa! E, ao longo do caminho, tratarei de reunir admiráveis exemplos de como a Lei do Universo funciona. Algumas vezes vou me enganar. E, mesmo com meus erros, e enquanto outras pessoas possam dar risada e dizer "olha só o que você aprontou!", direi: "Eu pensei a respeito disso. Não é maravilhoso como as Leis funcionam de maneira consistente?".

Vocês não estão aqui para ser perfeitos. Estão aqui para aprender como as Leis trabalham — e para ter alegria fazendo isso —, portanto mesmo as mais "horripilantes" situações podem ser divertidas! Porque essa é a maneira como se expressa.

Mesmo quando você está criando o que não quer é um extraordinário exemplo das Leis do Universo. E, amigos, não conseguimos traduzir a magnitude do valor que isso representa. Ninguém está aqui para dar risada de você. Nós estamos aplaudindo!

Você já observou uma criança — seja seu filho ou de outras pessoas — aprendendo a andar? Quando ela cai e eventualmente bate a cabeça, você lhe diz: "Que estúpido louquinho! Levante e ande!". (o grupo dá risadas) Ou comenta: "Está tudo bem, calma. Todos nós caímos e batemos a cabeça, quando aprendemos a andar. É assim que a gente fez para controlar o equilíbrio!".

Então, por que você continua se agredindo quando, diante de uma nova experiência, não sabe como agir? Por que não aceita, simplesmente, o fato e vive a experiência para depois acrescentá-la a seu repertório, olhando para os aspectos positivos que tem? Sim, porque eles sempre existem. Sabe como a gente tem conhecimento disso? *Oras! Sempre há aspectos positivos em tudo — e sem nenhuma exceção em todo o Universo.* Da mesma forma, há aspectos negativos. Os dois existem em tudo. O equilíbrio perfeito está no que você deseja. E na sua decisão de focalizar o que quer, para atrair em direção de sua vivência o que escolhe.

UMA RELAÇÃO PESSOAL COM O NÃO-FÍSICO

PERGUNTA: ABRAHAM, *eu gostaria de algo como uma relação pessoal com minha "família" não-física.* Sei que meus sentimentos, ou ser interior, estão conectados a minha linha ancestral.

ABRAHAM: Seus sentimentos? Você quer dizer suas respostas emocionais?

INTERLOCUTOR: Sim. Meus verdadeiros sentimentos. Eu cresci com a sensação de que Jesus é um bom rapaz. E na certeza de que, se você precisa dele, trate de chamá-lo. Percebe o que significa? Se possuo esse romântico sentido de ter uma relação com meu ser interior, como se a criança que está dentro de mim cuidasse disso. Eu estou muito motivado em relação ao processo criativo de que falamos aqui. Só que existe uma parte de mim que continua dizendo... "muito bem... não se pode ter ambas as coisas?"

ABRAHAM: Ambas? Que coisas?

INTERLOCUTOR: Ah... como terapeuta eu olho sempre em direção a uma ilusória co-dependência como a que tinha, na infância, quando Deus seria o Pai e eu um Filho de Deus. Mais ou menos como se meu ser interior fosse meu pai.

ABRAHAM: Você não difere muito das demais pessoas. Essa é sempre a parte favorita de nossa mensagem aos seres físicos. Ao mesmo tempo que querem liberdade, sentem-se confortáveis com a sensação de que existe alguém mais velho e sábio que orientará e cuidará de vocês. E estão certos quanto a essa dupla possibilidade. Mas existe uma só opção. Vocês vieram aqui para criar. Sabem que têm poder. Seu desejo, anterior ao nascimento, foi bem claro. Não podem mudar a meta, agora.

Você disse, lá, antes de vir: "Eu assumirei a forma física e, pelo poder de meus pensamentos, aplicarei as Leis do Universo e serei um criador magnífico". Mais adiante: "Eu farei isso, neste período de tempo, porque as coisas vão acontecer rapidamente. A energia está muito mais alta no planeta Terra. Está vibrando com mais intensidade. As coisas acontecerão tão rápido que será muito mais fácil oferecer exemplos para que outros possam entender a mensagem".

A razão pela qual você teve sentimentos tão fortes de identificação com aquele que conhece como Jesus é porque a energia existe na "família" à qual pertence seu ser interior.

É difícil entender isso porque vocês observam tudo desde a perspectiva física. E mesmo que saibam que são muito mais do que isso, sua inclinação é fixar-se na velha tendência, oscilando entre duas possibilidades rotineiras, ou seja, mortos ou vivos. Você pensa em físico e não-físico — "Aqui estou e já fui outra pessoa" —, mas de alguma maneira acredita que seu corpo é apenas a continuação de outra existência no mesmo plano. Não é exatamente assim. Vamos tentar encontrar maneiras de expressar o que desejamos que compreenda, sem queimar seus neurônios ou fazendo com que você se desligue do que estamos falando, porque a mensagem não é suficientemente clara e leva à desmotivação.

Jerry, Esther e Tracy viajaram até a cidade de Boston. Nós dissemos a eles: "Vocês vão gostar disso, porque foi o último lugar onde tiveram outra experiência de vida física". Eles estavam, então, muito ansiosos.

"Quem eu era? Quem eu fui?" — eles queriam saber.

"Quando estiverem diante da estátua que os representa, vocês saberão."

Eles estavam muito excitados com a possibilidade de ter sido suficientemente famosos para merecer estátuas. Era meia-noite ou cerca de uma hora da manhã quando chegaram e saíram à procura de monumentos, para captar se recebiam alguma mensagem. Quando pararam diante do dedicado a Samuel Adams, os três disseram: "Eu fui Samuel Adams!", com absoluta certeza. Então, começaram a dizer uns aos outros: "Não você, mas eu... Não você, mas eu...".

E nós lhes dissemos: "Todos vocês!".

A energia, que agora se expressa através dos três, antes se manifestava em uma só pessoa. É por isso que muitos de vocês sentem essa grande conexão com Jesus. Essa energia de pensamento, essa intenção, está continuamente sendo expressa em razão da sintonia fina de propósito. E — isso é fundamental que vocês compreendam — pela intenção de vivenciar felicidade. Quando for capaz de absorver esse conceito, a princípio se sentirá um pouco perdido. Sua identidade pode até ficar um pouco abalada, porém momentaneamente. "Você quer dizer que não fui apenas eu? Eu não estou subindo degraus em direção a Deus?". E nós respondemos: "De fato, não". Você começa como DEUS e vai ampliando suas experiências porque quer ter mais conhecimento. Não há final para a evolução.

Como seres físicos, vocês pensam muito sobre alguns grandes mestres que sabem tudo. Este é o pai sobre o qual você estava falando, e a quem perguntava: "Papai, diga-me o que fazer!". E nós dizemos que ninguém sabe tudo para sempre. O pai é apenas quem é neste momento, e você certamente sabe isso, mas sua razão para existir é ultrapassar limites.

Quando nos reunimos aqui, em uma noite como esta, queremos apresentar-lhes questões que levem ao esclarecimento, embora não haja dois de vocês em um mesmo estágio. Estamos aqui em uma espécie de escola heterodoxa, porque suas credenciais são distintas. E como vocês vieram parar aqui não tem nada a ver com o que sabem, mas com o poder de seus desejos.

Vocês estão aqui porque querem entender quem são, por que vieram ao planeta e como fazer isso da melhor forma possível — e afirmamos que vieram para vivenciar a delícia da forma física, para cumprir seu propósito de refinar o pensamento que ainda não foi tão bem sintonizado. Vocês escolheram sua dimensão física para viver o momentum. *Isso lhes dá um significado para calcular o que representa esse sentimento de* momentum. É fácil para vocês encontrar seu lugar por causa da consistência desta existência de vida, porque não estão flutuando nebulosamente. Vocês têm a intenção e a função e o sentido do progresso e do *momentum*. Escolheram isso porque os ajuda a afinar o tom.

Seu ser interior lhe oferecerá a sensação de conforto, de bem-estar e de gratificação, tudo muito maior e além do que seu pai ou sua mãe foram capazes de lhe inspirar quando estreitaram você nos braços, dizendo "Está tudo bem". Ou ainda muito além daquele poderoso sentimento que despertavam quando, olhando fixamente para seus olhos, afirmavam: "Sinto tanto orgulho de você! Sabia que era capaz de fazer isso!". *Você pode ter, também, todas essas sensações de imensa gratidão por seu ser interior. Mas não esperem que seu ser interior indique a direção a seguir, porque esse não é o lugar dele, é o seu lugar!" Você é a única pessoa que tem toda a informação sobre sua existência física. Você é que mergulhou nas idéias e crenças do tempo presente. Você é. Tem o mercanismo de pensamento consciente, o instrumento pelo qual traduz sua energia não-física em algo com significado para você.* E enquanto você é o que é tal como ela (Esther), seu ser interior está observando cada parte disso e participando dessas experiências... deitando preguiçosamente na praia com você e saboreando tudo, a cada instante. Então sente a conectividade, mas não espera orientação passo-a-passo, porque você sabe que é a síntese.

Nós observamos Esther com sua filha. Ambas são muito criativas. E muito talentosas. Nada incomoda mais a Tracy do que ouvir sua mãe dizer: "Deixe-me fazer isto... deixe-me fazer aquilo...". Tracy percebe que Esther não está satisfeita com a maneira como a filha faz alguma coisa, porque trata de tirá-la do caminho, para assumir o comando. Quando isso acontece, Tracy abandona o projeto comum.

Não é lá muito divertido ter alguém que lhe diz ou ordena o que fazer, porque você, a partir de sua mais profunda perspectiva, sabe que é único. E que ninguém pode tomar seu lugar, porque ninguém pode pensar por você. Nem sentir por você. Nem convidar ou atrair algo para sua vivência, por você. Na verdade, ninguém o beneficia quando tenta realizar o que você pretende fazer por si mesmo.

Como mestres não-físicos, nós somos bombardeados por perguntas de pessoas que procuram orientação. É gratificante para nós esse papel, mas sempre somos muito cuidadosos para oferecer, tão claramente como podemos formular, informação de como você consegue o que quer. Sabemos que chega uma hora em que vocês esperam que sejamos mais explícitos. Ou seja, gostariam que lhes disséssemos: "Não faça essa coisa que está pensando fazer. Ou, ainda, isso que alguém lhe disse para fazer deve, sim, ser feito". Sabemos que em certo momento em que vocês nos diriam, enquanto estivéssemos sentados em uma nuvem ao sol: "Não gostei muito de sua atitude, porque eu pretendo fazer isso por mim mesmo. O que vocês pensam que são?"

E responderíamos: "Pensávamos que fôssemos o pai que vocês estão procurando".

Nós estamos falando para cada um de vocês. *Enquanto você vivencia essa experiência física, toma decisões a cada dia sobre o que deseja e é com base nessas atitudes, literalmente com base em cada pensamento formulado, que atrai o que está chegando a você. Nossa ênfase é sobre a necessidade de assumir a deliberação e tomar mais decisões, de maneira que controle sua vida.*

O "ESPÍRITO SANTO"

PERGUNTA: Eu tenho duas perguntas. Qual é a função do Espírito Santo em relação aos ensinamentos de ABRAHAM?

ABRAHAM: "Espírito Santo". Sempre que usamos termos físicos, é bom defini-los da maneira como vocês os entendem. *Você tem de lembrar que cada palavra que ouve de nós vem de um padrão que criaram para descrever um bloco de pensamento. E vocês, freqüentemente, descrevem, com o mesmo rótulo, diferentes blocos de pensamento.*

Predominantemente, a partir do que observamos como ouvimos vocês pronunciarem, e da maneira como nós interpretamos isso, "Espírito Santo" é seu ser interior e a "família" à qual pertence aqui, em conexão com o poder do Universo. Em outras palavras, esse ser não-físico normalmente é focalizado por vocês com o intuito de saber e fazer o que deve. "Espírito Santo" não é oferecido a vocês para guiá-los, mas sim para que conscientemente usem-no em direção a suas finalidades. É algo parecido à eletricidade que flui da rede geral para sua casa. Está ali para que seja ligado na tomada o que quiser. Mas quando você a combina com seu ser interior, que conhece o que veio fazer aqui e as intenções que carrega dentro de si, então entendemos que esse "Espírito Santo" é seu ser interior, e ele carrega a perspectiva mais profunda de tudo o que você tem vivido. Em outras palavras, todos são seres que procuram evolução, felicidade, liberdade e todas essas intenções estão presentes nessa energia que lhes é oferecida para que seja usada. Vamos colocar as coisas desta maneira, acompanhe: Como alguém que veio de uma fonte, que decidiu, a partir de tudo o que já viveu, que deve ser alegre, em vez de triste, livre em vez de preso, em expansão em vez de estagnado, luminoso em vez de sombrio, então quando você observa que tem sido um perdedor, sente emoção negativa, e essa é a indicação de que está utilizando essa energia de um modo que não está em harmonia com seu maior desejo. Literalmente, o Sistema de Orientação, a emoção sobre a qual estivemos falando, é o instrumento pelo qual você segue na direção ou contra o que deseja. Nós não gostamos de chamar isso de "Espírito Santo" porque isso dá uma imagem diferente da maneira como nós realmente vemos a coisa.

A "INTERVENÇÃO DIVINA"

PERGUNTA: Você pode me explicar o significado do conceito transcendente de Deus e da Intervenção Divina?

ABRAHAM: Esta é uma pergunta que de alguma maneira segue a mesma linha da anterior. Então, se você é um único criador de sua experiência e se atrai o que pensa, *como é que os mila-*

gres acontecem, subitamente, ou algo que estava para ocorrer de repente muda de curso, é interrompido, no sentido que vocês dão à palavra milagre? De acordo com a nossa concepção, isso se deve ao desejo que você mesmo define, salvando-se de alguma carência naquele exato momento.

Vamos a um exemplo. Você está dirigindo seu automóvel em direção a um compromisso e tudo o que deseja (e está pensando nisso) é chegar a tempo. Mas está atrasado e aquilo é muito importante, então decide acelerar a velocidade ao máximo. Não pára e reflete sobre a questão de segurança. Nem sequer aventa a possibilidade de que está se arriscando muito. Então, como resultado dessa intenção limitada a vencer o tempo e a distância, sem pensar no bem maior que é chegar a salvo e bem, de repente se safa de uma situação que poderia resultar em um grave acidente rodoviário. Mesmo que sua intenção, *naquele momento*, não fosse poderosa o suficiente para salvá-lo, seus propósitos maiores já estavam definidos há tanto tempo que coisas miraculosas acontecem. Nós gostamos de dizer que as "fadas do Universo" trataram de criar circunstâncias e acontecimentos para salvar seu pescoço. Mas tudo isso é resultado das combinações de intenções que você carrega.

Veja, quando começamos a falar sobre "Intervenção Divina", aqueles que realmente querem continuar vivos, mas estão morrendo de câncer, costumam pensar por que o Divino não está interferindo a seu favor. "O que eu fiz de errado? Por que o milagre não acontece comigo? Eu rezei todos os dias da minha vida... Quanto bem uma pessoa tem de receber?"

Nós dizemos: não há realmente algo como a Intervenção Divina, no sentido que a maioria de vocês pensa. É como muitos justificam as experiências que vivenciam porque não conseguem entender o que está acontecendo. TUDO O QUE ACONTECE COM VOCÊ, TUDO, SEM NENHUMA EXCEÇÃO, DECORRE DE UMA COMBINAÇÃO DE INTENÇÕES E CRENÇAS QUE VOCÊ TEM.

Se foi adotado por pais que não se consideram dignos e, quando nasceu, também não o julgaram digno, e todos os dias falavam com você a respeito das coisas ruins que lhe aconteceram, porque não nasceu em uma família respeitável, e sobre quantas coisas boas sucediam a outros, mas como você fazia parte da sociedade, em vez de ter direito a isso, recebia o contrário... Então, por anos e anos acreditou exatamente nisso. Passou a pensar da mesma maneira... Atrai o que eles achavam que estava em seu caminho, ao conformar-se: "É assim mesmo... Nós somos os rejeitados... As coisas boas não chegam a nós...". Podemos então dizer que você atrai o que não é bom, porque seu pensamento predominante é esse. Ao contrário, outra pessoa — que tenha sido encorajada a acreditar que pode ser ou fazer o que deseja — atrai coisas boas porque é nisso que crê.

O fluxo da corrente não-física chega a todos, igualmente. E seu mecanismo de pensamento é a maneira como você a atrai para manifestações físicas. Então, quando diz "eu quero isto e sou digno disso e sou capaz" ou seja lá o que for nesse sentido, todos os seus pensamentos são nessa direção, portanto nada pode impedir que chegue a você. Mas se costuma dizer "eu quero isso, mas não devo ou não posso ter", então é o que obterá. Nada mais! É importante que falemos isso porque *muitos seres humanos têm a tendência de dar o crédito a outrem, quando as coisas vão indo muito bem. Ou a culpa, quando fluem ao contrário. Sempre que der crédito ou culpar alguém por algo, você perde poder, porque não pode controlar o que outros fazem.* Quanto mais você tenta, menos consegue e mais desesperançado fica.

Sua liberdade só se manifesta quando você finalmente reconhece "Sou eu e apenas eu. Não permito que ninguém me influencie. Mesmo que alguém me observe com olhos nas falhas e eu capte isso, posso mudar o pensamento. Mas, se a influência alheia estiver a ponto de me influenciar, posso simplesmente mudar de lugar. E quando faço esse movimento, eu sou livre. Livre para fazer o que quero".

Estamos falando, aqui, de um avançado nível de criação. Perceberam? É para que vocês compreendam que a combinação de seus pensamentos conduz ao que conseguem. Às vezes aumenta seu poder, às vezes amplia sua fraqueza, por se sentirem vulneráveis.

Vamos lembrar determinada situação. Digamos que vocês têm uma decisão a tomar. E ainda não chegaram a uma conclusão. Estão analisando as opções. Talvez já estejam inclinados a uma ou duas... Geralmente, sentem-se muito nervosos, cansados ou mesmo depressivos? Como vocês se levantam, de manhã? Não é verdade que sentem vontade de permanecer na cama? Isso acontece porque a energia está difusa. Vocês não sabem exatamente o que querem e assim essa potencialmente poderosa energia chega, mas é dirigida a várias direções. Daí, o cansaço. Da mesma forma, lembram-se o que acontece quando chegam a uma decisão, finalmente? Como vocês se sentem bem?

QUANDO VOCÊS TOMAM UMA DECISÃO, NÃO IMPORTA SE GRANDE OU PEQUENA, SENTEM-SE PODEROSOS OUTRA VEZ — porque subitamente estão dizendo "sim" a alguma coisa. Não se trata de "sim, não, sim, não, talvez...". Vocês estão dizendo "sim", então a energia flui. Isso é "Intervenção Divina". Quando vocês colocam seus pensamentos em uma só direção e comunicam "é por aí!". É isso que significa poder. Todas as "fadas do Universo" ficam muito aquém de vocês, quando tomam uma decisão. Da mesma forma, não há possibilidade de interferência alheia. Deu para entender?

INTERLOCUTOR: Entendi. Obrigado.

DEZ IDÉIAS PARA UM BOM ESTILO DE VIDA

JERRY: Se você fosse uma espécie de "fogo sagrado" e eu lhe pedisse orientação para conduzir o meu povo, teria "dez mandamentos" a oferecer?

ABRAHAM: Nós temos 10 boas idéias. Não obrigamos ninguém a fazer nada por várias razões. Ninguém escuta... Em vez de "mandamentos", oferecemos exemplos, ofertas "verbais" do que achamos que pode ser um bom modo de vida. Mandamentos comumente indicam uma forma de ação, não é verdade?

JERRY: Tente não fazer muita confusão com as coisas dos outros.

ABRAHAM: Na verdade, os tais mandamentos dizem respeito ao que NÃO FAZER. Em vez de dizer a vocês o que não fazer, vamos indicar o que fazer. O que acha?

- Procure a felicidade — primeiro e antes de tudo.
- Procure razões para rir.
- Procure razões para oferecer elogios — para você e para os outros.
- Procure a beleza na natureza, nos animais e em outros seres humanos.

- Procure razões para amar. Em cada segmento do seu dia — observe algo que traz a você um forte sentimento de amor.
- Procure o que motiva você.
- Procure oportunidade para oferecer elogios aos outros.
- Procure um sentimento de bem-estar.
- Admita que seu valor só pode ser mensurado em termos de alegria.
- Assuma sua liberdade absoluta para fazer ou não qualquer coisa — trata-se, sem exceção, das escolhas que você faz em cada momento do seu dia.

Essa é a receita para a felicidade eterna. E oferecerá a você um ambiente para a magnífica e dramática criação. Será como um ponto de referência para você: "Quanto sucesso ou quantos aplausos ou quanto valor eu posso oferecer aqui e agora?". Queremos que você compreenda que o seu valor só pode ser calculado em termos de alegria.

Quando você permanece nessa busca sugerida, vivencia abundante felicidade. *Veja bem, a melhor coisa sobre esse oferecimento que fizemos é que você não pode encontrar alguma coisa que esteja procurando. Isso não pode acontecer. Porque justamente aquilo que almeja é sempre o que vem a você.* Cada uma dessas etapas prepara a outra.

EXEMPLO DE VIDA FELIZ

JERRY: Eu estava hoje na praia em total êxtase. Cada respiração me trazia aromas do oceano e da orla da praia. O sol e a brisa tocavam meu corpo de maneira espetacular e simplesmente me deixei levar em estado de meditação, sem pensamentos, totalmente entregue àquelas maravilhosas sensações. Subitamente pensei: "Nossa, uma pessoa pode ficar aqui para sempre", mas em seguida "contudo, não estará fazendo nada de bom". E, mais adiante: "ABRAHAM sempre diz que nós damos melhores exemplos fazendo do que falando". *Então concluí: "Garoto, estar feliz como agora deve ser o maior exemplo". E então disse: "Mas ninguém sabe que me sinto feliz porque estou aqui sozinho".*

Então eu me lembrei de quando tinha nove anos de idade e o médico disse que provavelmente eu não viveria até o inverno. Naquele tempo nós estávamos morando em cubículos, como galinheiros, porque nossa casa tinha pegado fogo. E eu então disse a Deus: "Se me deixar viver além do inverno, eu trabalharei para você no futuro". Depois eu tentava decidir que tipo de trabalho deveria fazer, sem atinar qual seria a igreja, porque cada uma em que ingressei parecia anular a validade das anteriores. Na verdade os ensinamentos eram contrários. Então eu não pude encontrar nenhuma que realmente fosse a correta. Eu procurava um lugar onde pudesse trabalhar para Deus. Então pensei em começar por minha própria conta. Aí pensei: "Talvez eu possa fazer isso incentivando a humanidade a ter mais alegria e sentir-se melhor sobre seu corpo e sua vida...".

Então eu cheguei a você e você afirma que não temos de fazer nenhum trabalho, que apenas sendo felizes já estamos contribuindo muito para todos os seres no Universo. Você pode esclarecer para mim o que significou esse pequeno momento de confusão que tive na beira da praia hoje?

ABRAHAM: Você é um ser físico com uma perspectiva concreta, ainda pensando que *fazer* é o que conta. Ainda acreditando que é pela ação que você oferece algo, enquanto nós continuamos a orientá-lo de que é por meio do seu pensamento e sentimento correspondente que você cria.

Assim, como você é um ser físico e concentra toda sua determinação, disciplina no alinhamento de seus pensamentos, fazendo com que todos sigam na direção do que você quer, dando a eles total atenção — então você começa a perceber que a ação não é o que faz as coisas acontecerem.

A AÇÃO É A MANEIRA COMO VOCÊ APROVEITA O QUE FEZ ACONTECER MEDIANTE SEU PENSAMENTO.

Se pudermos ajudá-lo a entender que o benefício decorrente deste encontro de hoje é mais valioso para o Universo e Tudo-O-Que-Existe, então vocês captaram bem a idéia. Se puderem entender que seus pensamentos e sentimentos contribuem muito mais para a criação do que todas as ações que fizerem, então realmente captaram a mensagem.

Como você pensa, você sente. Sempre. E o que você sente você irradia. Você sabe isso. Se tem medo do cachorro, ele sabe. E geralmente vai mordê-lo. Se está irritada com seu filho, mesmo que ainda consiga dizer palavras doces, a criança saberá que está com problemas. Todos estão recebendo nossa mensagem em diferentes níveis. Assim, o que pensa você sente. O que sente você irradia ou influencia. E é isso que faz a diferença. É por isso que você pode ficar ali na praia em estado de bem-aventurança, irradiando esta fantástica energia positiva. De fato, está contribuindo para Tudo-O-Que-Existe. Todas as pessoas que procuram isso têm acesso ao que você está sentindo. Você ouviu Esther dizer: "Eu gostava de passar, dirigindo o carro, em frente à casa de Jerry, porque sabia que lá havia felicidade". Há pessoas que estão em outros lugares do mundo e que não o viram hoje, nem nunca verão, mas que se beneficiam com o que experimentam no momento em que você irradia sua felicidade. Já aconteceu de você trazer à memória imagens de pessoas que fizeram com que se sentisse bem ou mal, e você saber que isso não tem nada a ver com o que elas disseram ou fizeram? Tem a ver com o que pensaram e sentiram, predominantemente. Portanto, "não subestime seu valor".

Muitas pessoas dirão: "ABRAHAM, você ensina preguiça".

Nós respondemos: "Não, de jeito nenhum, nós ensinamos como fazer da maneira que é mais poderosa".

Então dirão: "O que você está ensinando é egoísmo".

E nós: "De fato. Porque, se não for egoísta o suficiente para se fazer feliz, você não tem nenhum valor a oferecer ao mundo". Porque, toda vez que irradia o que é menos do que felicidade, você está indo contra seu maior propósito, e certamente trabalhando contra o que é o nosso objetivo. Queremos trazer e amplificar a alegria. Da mesma forma que você. Essa é a razão pela qual os animais existem aqui, não porque eles nos dão carne ou ovos, é porque são pura essência do mundo interior e predominantemente são seres felizes, irradiando bons sentimentos e acrescentando equilíbrio ao seu Universo.

Nós não estamos dizendo que a ação é destituída de valor. Queremos frisar que a maioria das ações que observamos não está em harmonia com o propósito maior. Muitos seres físicos agem mais sob negatividade do que sob positividade. Muitas ações levam você a sentir mais emoções negativas do que positivas. Muita gente não está feliz com seu trabalho. E o emprego ocupa grande parte do seu tempo. E, quando essas pessoas não estão no trabalho permanecem pensando, falando e sentindo coisas a respeito dele. COMO OBSERVAMOS, A MAIORIA DOS SERES FÍSICOS UTILIZA A AÇÃO PARA COMPENSAR PENSAMENTOS INADEQUADOS.

PERGUNTA: Tudo bem. Talvez isso aconteça com a maioria, mas não faço parte dela. Eu sinto como Jerry o desejo de contribuir, só que ele também apresenta perguntas sobre isso de diferentes maneiras e você continua a dizer não se preocupe com isso, apenas seja feliz e ponto. Devo admitir que não consigo ter uma imagem de como a felicidade de uma pessoa afeta todo o Universo, mas posso ver quando a ação de alguém tem um efeito poderoso e assim fico confuso sem internalizar porque você diz não se preocupe com isso, continue aí sentado na praia e aproveite isso ou alguma coisa dessa natureza.

ABRAHAM: Quando ele relatou o que aconteceu na praia, disse que estava sentindo crescimento. Em outras palavras, porque tem essa tríade de intenções — felicidade, liberdade e evolução — você não fica ali em contemplação por muito tempo. Geralmente deseja sair e fazer algo acontecer justamente por essa necessidade de evolução.

Queremos reforçar que o conhecimento de seu sentimento bom é sua grande inspiração para os finais felizes. Agora, se ele estivesse pedindo que disséssemos "Agora chega, você já ficou um tempão aí, é hora de levantar e fazer as coisas acontecer" e nós poderíamos fazer isso porque temos uma clara imagem do que está para vir, mas não queremos interferir na criação dele. Que satisfação você tem, trabalhando para alguém que lhe diz o que tem de fazer em comparação com o que sente quando segue sua própria inspiração? Sabemos que a inspiração dele virá dele mesmo e satisfará *todas* as suas intenções. Você pode mergulhar na ação facilmente. Digamos que alguém chega a você e diz: "Eu sei de fontes absolutamente confiáveis que haverá um terremoto neste final de semana. Os cientistas estão coletando os sinais por meio de seus instrumentos de medição. Os físicos estão vendo isto nas estrelas. E... sim... Madame Sei Lá o Que viu isso numa bola de cristal. Todas são boas fontes e nós sabemos que essa coisa vai acontecer". Então, mesmo que não acreditasse muito na fidedignidade de algumas dessas fontes, você havia de apegar-se a esse pequeno pacote de informação porque estaria preocupado com seu próprio pescoço. Então, colocaria tudo o que pudesse num grande contêiner e iria embora. Você satisfez uma intenção. Mas se você, a partir de sua perspectiva interior, tiver identificado tudo o que deseja, e estivesse usando seu Sistema de Orientação, então não enfrentaria essa situação com a ironia inicial.

EU PRETENDO, EU QUERO OU EU SOU?

INTERLOCUTOR: Entendi. *Essa é uma questão sutil. Há alguma diferença na pretensão, quando você diz "eu quero alguma coisa" ou "eu quero um corpo saudável, eu quero um corpo vibrante"* versus *"eu estou me tornando vibrante e saudável"* versus *"eu sou saudável e vibrante".*

ABRAHAM: *Bem, as palavras que você disse não são tão importantes como a intenção quando as expressa, porque cada pessoa confere a cada palavra que profere significado um pouco diferente.*

Se nós tivéssemos que definir essas palavras à luz de uma escala de propriedade, diríamos que *precisar* deveria ser extirpada da sua experiência justamente porque essa palavra tem origem numa posição de carência, de falta. A palavra *querer* está do lado oposto. *Querer* diz respeito ao lugar aonde você quer chegar. A palavra *intenção* inclui desejo *e* crença. Para alguns de vocês, querer necessariamente não significa obter, porque desejaram muitas coisas que não conseguiram, portanto, querer eventualmente pode ser uma palavra negativa para algumas pessoas. Então, se você diz "ah, eu quero ter isso... realmente quero ter isso" (suplicando) *O UNIVERSO OUVE EXATAMENTE DO JEITO QUE VOCÊ SENTE.* Se diz *eu pretendo*, isso é mais forte do que *eu quero* porque inclui acreditar. Se diz *eu sou*, é mais forte do que se *você acredita que é*. Mas se você diz *eu sou* e olha para baixo e diz *eu de fato não sou*, então a atração e suas palavras estão em oposição. Percebe o que eu estou dizendo? É o que você sente. *Use a palavra mais forte para descrever o que sente e tente permanecer com essa sensação no seu mais forte sentido.*

PERGUNTA: Então, provavelmente, se não estou me sentindo saudável e digo "eu *sou* saudável", temos aqui um problema. Mas, se consigo entrar em contato com "eu estou me tornando", essa talvez seja uma posição mais forte para que eu consiga o que desejo. E também para encontrar a melhor posição para expressar esse sentimento?

ABRAHAM: Sim, é como funciona. Esta é a maneira como você usa seu Sistema de Orientação. Digamos que esteja muito fora de forma, muitos quilos acima do que deseja ter. E aí você vê, por exemplo, a imagem de um modelo que estimula seu pensamento no seguinte sentido: "Eu quero isso para mim". E então, da próxima vez que olha no espelho, seus pensamentos vão no sentido oposto. Assim, o seu querer segue em uma direção e sua expectativa, naquele exato momento, se dirige ao oposto. E você diz: "Espere um minuto... ONDE ESTOU É O RESULTADO DO QUE EU PENSEI E SENTI, ANTES. MAS PARA ONDE VOU SERÁ O RESULTADO DE MINHA PERSPECTIVA ONDE ESTOU EXATAMENTE AGORA. Posso, então, me ver transformando-me no que quero. Eu agirei, a partir de meus inspirados pensamentos, em conformidade com o que tanto almejo. E lá chegarei". Então, ao encontrar pessoas que estão com o manequim que você acha adequado para o seu caso, em vez de sentir depressão, vai é motivar-se para chegar lá.

O sentimento de ciúme, despertado quando você observa algo, alguém ou mesmo relações humanas alheias e outros estilos de vida, diferentes do seu, *é um sinal de alerta de seu ser interior, indicando que deseja aquilo, mas agora está em uma posição de carência*. Se você experimentar sensações como essa, trate de usar o processo de girar. Agora, o que acontece às vezes é que começa com uma palavra fraca "eu quero", depois você gira para uma forma mais forte, e então diz "eu quero isto e está vindo para mim"... "eu quero isso e virá". Quando chega ao espaço que afirma "eu quero isso, portanto isto aí está", você está no lugar certo. Você está exatamente no ponto em que pode vivenciar isso em sua manifestação física — porque, para cada pensamento que você define bem, recebe energia não-física poderosa e a dirige exatamente para onde quer, sem possibilidade de falha. Se fizer outra coisa, use o processo de girar.

Suas crenças servem de backup *ao sistema e orientação, como uma espécie de baliza para ajudar você nas suas decisões e criações. Se você não crê, nada o tocará para ajudar nessa criação.* Estimulado por um novo pensamento, você capta a energia poderosa e quer chegar lá. Mas não consegue nem se sente bem. Nós não gostaríamos se você estivesse aqui hoje com a cabeça tão vazia e tão permeável a aceitar qualquer coisa que disséssemos, e simplesmente fosse nessa direção. *É desejável que você tenha crenças internas e que as use fazendo com elas uma mescla com novas idéias.* É por esse processo que você decide, passo a passo, e em cada segmento do seu dia, o que é que mais deseja.

O que nós realmente desejamos é guiar você para que tome cada vez mais decisões. Porque uma decisão mostra que toda energia flui para lá. Decida o que vai almoçar, bem cedo, de manhã, e deixe o Universo reunir as circunstâncias e eventos que vão satisfazê-lo. Se você tem um compromisso às três horas da tarde e sabia disso duas semanas antes, formule algum pensamento avançado e deixe que faça o que tem de fazer.

O PODER DE SEU PENSAMENTO E O PODER DE SUA EXPECTATIVA PARA PREPARAR AS COISAS COM ANTECEDÊNCIA FAZEM COM QUE VOCÊ NÃO TENHA QUE SE ESFORÇAR MUITO PARA FAZER AQUILO, OU SEJA, PARA AGIR.

E agora, sobre o que vocês querem falar?

AFASTAR-SE DOS "MAUS ELEMENTOS"

PERGUNTA: Eu tenho perguntas relacionadas a isso. E já vou formular duas. Como a gente se aproxima dos "maus elementos"? Devemos ter medo disso?

ABRAHAM: Nós gostamos de questões como esta porque permitem que se possa observar quando não estão precisamente definidas. Para que se possa responder à primeira, é preciso que seja formulada de maneira mais clara. Você quer saber como chega a eles ou como se livra deles?

INTERLOCUTOR: Se o propósito da criação é a alegria, esses "elementos" não parecem estar gerando isso ao seu redor de acordo com minha perspectiva. Eles sabem muito bem o que querem.

ABRAHAM: Você pode ver então por que temos tanta dificuldade em responder a essa questão. Não dá para entender direito qual é a sua dúvida. Porque você pode chegar a todos eles mesmo que tenha contato com apenas um.

INTERLOCUTOR: Não é isso que eu quero, mas saber como eles foram criados. E por que saíram da rota.

ABRAHAM: *Tecnicamente, cada criatura que tem um conjunto de intenções e observa outras, com idéias totalmente opostas, classifica estas como "maus elementos". Mas todos pensamos que somos "bons elementos", de acordo com nossas concepções.*

Entenda que você vive numa imensa cozinha equipada com todo tipo de ingredientes — ou intenção — imaginável. Suponha também que não é seu trabalho influenciar todas as criaturas a pensar e falar do jeito que você acha certo. Almejar isso é um dos maiores e mais freqüentes erros que observamos em seu planeta, onde muita gente acredita que existe apenas uma verdade, ou seja, a sua. Querem anunciá-la a todos. *E dizem: "Este será um bom lugar quando todo mundo pensar e acreditar exatamente à nossa maneira". Mas nós afirmamos que isso está em absoluta contradição com o que você sabe, enquanto criador.*

Exatamente porque é do seu conhecimento que não existe fim. Sabe, também, que as diferenças entre os seres físicos estimulam o seu pensamento.

É A ESTIMULAÇÃO DO PENSAMENTO QUE CONDUZ AO "PARA SEMPRE" — ENQUANTO O CONFORMISMO LEVA À ESTAGNAÇÃO, OU SEJA, À IDÉIA DE QUE HÁ UM FIM PARA A EVOLUÇÃO.

Quando entende isso, não vai ficar mais querendo que as outras pessoas concordem com você, *porque sabe que elas não estão incluídas na sua vivência porque sejam poderosas, estão aí porque você as convidou ao notá-las e pensar a respeito delas, com preocupação.*

Assim, a maneira de tirar os "maus elementos" de sua experiência pessoal é não colocar o foco neles. Você não tem o poder, e nem deseja, de eliminá-los completamente — porque eles são livres para ser como quiserem, da mesma forma que você. Deu para entender?

PERGUNTA: Então minha perspectiva a respeito dos "maus elementos" diz respeito a quem tem intenções distintas das minhas?

ABRAHAM: Correto.

HÁ ALGO A TEMER?

PERGUNTA: Então não há nada a temer, não é verdade?

ABRAHAM: Com certeza não. E vamos falar sobre isso. É um bom tema. *Há apenas dois tipos de emoção. Ou alguém se sente bem ou se sente mal. Você costuma usar diferentes denomina-*

ções para isso dependendo do que acontece no momento. Assim, o medo não é nada mais do que uma emoção negativa e que sinaliza exatamente isso para você: "Esse é um assunto importante e o que pensa no momento não está em harmonia com o que você sente".

NADA DE MAL JAMAIS ACONTECERÁ A VOCÊ SE ENTENDER QUE SÓ ATRAI AS COISAS EM QUE FOCALIZA SUA ATENÇÃO.

Assim, se se sente apavorado sobre algo em que está refletindo, e é capaz de mudar esse pensamento e sentir-se bem, você literalmente remove a atenção daquilo.

Você não vive numa dimensão em que as manifestações são instantâneas e isso é uma grande sorte para muitos. Porque se você dissesse: "Eu penso que gostaria de morrer dando risada", isso imediatamente aconteceria. Ou então "eu penso que vou quebrar meu pescoço" e estaria feito. É muito bom que exista um longo processo de oferta de pensamentos. Em outras palavras, seus pensamentos têm de se tornar muito fortes, pela Lei da Atração, e a forma de torná-los poderosos ou fortes é focalizando sua atenção neles.

SE VOCÊ LEVA UMA VIDA INTEIRA SE PREOCUPANDO COM UMA COISA, ISSO USUALMENTE LHE ACONTECERÁ, MAIS CEDO OU MAIS TARDE. OU SE PASSA UM LAPSO DE TEMPO FOCANDO INTENSAMENTE ALGO, PODE TRAZER ISSO PARA VOCÊ, SEJA BOM OU RUIM.

ELE QUER SABER O QUE DESEJA

PERGUNTA: Tenho duas perguntas distintas. Uma é em nível pessoal e outra, universal. A primeira é que nos últimos seis anos eu tenho feito coisas que realmente me causam profunda infelicidade e finalmente há cerca de uns nove meses percebi porque não podia mais continuar nessa toada, e tudo ficou bem claro, embora tenha levado esse lapso de tempo da conscientização até hoje para sair do estágio anterior, mental e fisicamente. Eu já tomei uma decisão. Não quero mais nada daquilo. Mas não sinto que cheguei a um lugar de clareza sobre o que vem a seguir. *É como se estivesse esperando para descobrir o que eu quero fazer quando crescer. Sou bom em várias coisas. Mas não excelente em nada, portanto, preciso de alguma orientação para tomar uma decisão. Eu não estou fazendo nada, e começo a ficar deprimido por causa disso. Como é possível tomar decisões quando você não sabe realmente o que quer?*

ABRAHAM: Muito bem. Você não está sozinho nesta questão. É, aliás, algo que ouvimos comumente quando afirmamos: "*Você é poderoso e pode ter ou ser qualquer coisa que escolha*". Muitas vezes isso é bastante motivador se você já sabe o que quer, mas se não sabe, esse tipo de informação desencoraja, porque parece que está desperdiçando todo esse poder e energia.

Você se sente assim porque é um ser físico típico acreditando que precisa saber o que *fazer*. Em outras palavras, é exatamente aquilo que já conversamos a respeito de acreditar que o importante é decidir o que fazer, e você simplesmente ainda não reuniu suficiente informação para que essa decisão seja clara. Normalmente as pessoas criam expectativas: "*Eu farei isso e aí terei aquilo e assim então serei feliz. Eu vou fazer esse trabalho e então terei bastante dinheiro e um estilo de vida, e uma sensação sobre qual é o meu propósito e aí eu serei feliz*". Às vezes isso até funciona, especialmente se as pessoas pretendem ser felizes, e estão preparadas para esperar durante um longo tempo. Mas geralmente aqueles que têm pressa em mergulhar na ação acham que sua vida — como é o seu caso — está repleta de coisas que não lhes trazem alegria nenhuma ou não oferecem o estilo de vida que desejam e então se perguntam: "Por que eu estou fazendo isso?" Aí querem algo como "limpar a casa", exatamente como você fez. Só então, criam pelos seus pensamentos e começam desde o verdadeiro centro de seu ser.

Você tem ouvido quanto temos falado sobre o ser interior. Nós usamos essa denominação porque isso está dentro de você, é um estado de ser, alguns ponderam: "ABRAHAM, onde você mora? Fale um pouco a respeito desse lugar". E nossa resposta é que lugar é algo físico e somos não-físicos. Nós estamos em um não-lugar. Então, alguns de vocês concluíram: "Então vocês não têm um planeta que seja seu lar?". E nós dizemos: "Não, ao menos a partir de sua perspectiva, mas da nossa estamos muito bem situados ou não-situados; somos um estado de ser".

Porque vocês estão eternamente conectados com seu ser interior, compreendem que ele existe e que é feliz evoluído e livre, portanto, não há dificuldade de entender que é o lugar para onde você sempre pode retornar. Em outras palavras, se o fazer é confuso, volte para o ser. Você não sabe o que quer fazer.

Você sabe que há muitas coisas que não quer fazer. Assim, quando identificar algumas delas, pare e pergunte e si mesmo: "Por que eu não quero fazer isso?". Isso o levará ao que o desafia interiormente e certamente a resposta será: "Porque eu não me sinto livre fazendo isso" ou "Eu não sinto que isso tem suficiente potencial, sinto como se estivesse estagnado, não estou evoluindo". Ou ainda: "Isso não me faz feliz". Algumas vezes é uma combinação de todas essas coisas.

VOCÊ ESTÁ NA MELHOR POSIÇÃO QUE É POSSÍVEL, PARA SABER O QUE FAZER QUANDO SENTE FORTE EMOÇÃO SOBRE O QUE NÃO QUER. Se alguém é rude ou abusivo com você, você sabe o que quer. Você quer algo diferente daquilo. Quer ser valorizado. Prefere o amor do que a raiva. Então, se você pára um momento, ao ter consciência da negatividade, e pondera: "Qual é a raiz disso? O que está acontecendo comigo? Bem, eu não me sinto livre". Nada de se perguntar "Bem, o que eu posso fazer a respeito disso?", porque, imediatamente enquanto decide o que *fazer*, você vai se lembrar da trajetória anterior: "Bem, eu não *posso* fazer isto. Se pudesse, teria feito em vez daquilo." E assim, ao mesmo tempo que decide o que fazer, você anula a criação. Afaste-se da questão do fazer e diga: "Eu quero ser livre". E então internalize o *sentimento* de liberdade. Vá até um tempo, como o que Jerry descreveu, em que esteja deitado na praia e lembre a sensação de liberdade e alegria. Reflita um pouco sobre isso. E vai ver que logo as idéias começarão a surgir.

Literalmente, você será inspirado pelo que deseja. Se tem um emprego, um lar ou uma relação que não está de acordo com os seus desejos, no exato momento em que sentir emoção negativa, pare e diga: "O que estou querendo? O que está faltando aqui?" *Toda vez que você sentir negatividade por causa da falta de algo, pode imaginar o que realmente quer. E então focalize atenção nisso até que você se sinta melhor. Esse é o processo de girar.*

GIRAR É UTILIZAR AS COISAS NEGATIVAS QUE ACONTECEM NA SUA VIDA PARA AJUDÁ-LO A DESCOBRIR O QUE REALMENTE QUER TER. Essa é a razão para a experiência de vida física. Esse é o valor dos "maus elementos" — eles o ajudam a identificar o que prefere. Interagindo com quem faz com que se sinta mal, ajuda você a perceber que deseja se sentir bem. Tecnicamente, vemos a manifestação de alguma doença no seu corpo como algo providencial, porque você jamais vai querer mais saúde do que quando ela está em risco. É nesse momento que trata de ir à academia fazer os exercícios que lhe fazem bem. É quando decide alterar sua alimentação. É quando começa a trabalhar deliberadamente a seu favor. Não é?

Portanto, quando sente negatividade, deixe que ela faça para você o que pretende. Ajudá-lo a esclarecer o que realmente quer. E não tente livrar-se disso imediatamente.

A coisa mais importante que podemos dizer é que de um lugar negativo você não pode chegar a um final feliz. Você não pode imaginar uma coisa alegre para fazer quando está em um espaço de sensação negativa. Você não pode depois de um dia infeliz ter um final feliz: isso desafia a lei. Essa é a razão pela qual costumamos dizer: "Em cada adversidade reside a semente do benefício equivalente". Olhe para o que lhe agrada nesta experiência, assim você se oferecerá um futuro feliz. Essa é a razão pela qual dizem: "Olhe para o pote de ouro no fim do arco-íris, olhe para as nuvens com aquela fulgurância prateada, olhe para o que é bom; sempre há algo bom em cada experiência". Mas nós não queremos permanecer muito nesse tema para não encorajar vocês a sair por aí em busca de experiências ruins, assim como não recomendamos que morda seu dedo para que, quando a dor passar, se sinta bem. Mas recomendamos sim que você reconheça o valor de cada experiência de vida. Qual é a próxima pergunta?

OS HUMANOS PODEM DESTRUIR O PLANETA?

PERGUNTA: Vocês estavam falando antes do fato de que nossa tarefa ou missão não é ser responsável pelo mundo e sobre a questão de que quanto mais atenção colocamos em algo mais criamos nessa direção. Isso me levou a pensar no problema com o meio ambiente e o buraco na camada de ozônio. *Não é nossa responsabilidade tentar educar as pessoas para mudar de comportamento no sentido de não contribuírem para destruir o planeta?*

ABRAHAM: Vocês não podem destruir o planeta, por mais que tentem. Muitos bem mais destrutivos vieram antes.

Nesse nível de sua missão criativa você não tem capacidade nem jamais terá de destruir seu planeta. O que lhe parece?

INTERLOCUTOR: E se explodissem 20 bombas de hidrogênio?

ABRAHAM: Nós não dissemos que vocês não podem complicar as coisas um pouco, mas não conseguem destruir o planeta. Os maiores vulcões devastam uma área e depois ela se torna melhor. Sua terra está continuamente renovando a pele. Uma série de coisas está acontecendo. *Sua terra em si mesma é uma entidade procurando seu próprio equilíbrio. Vocês são como pulgas nas costas de um cachorro. Elas não são suficientes para gerar grande dano a ele.*

PERGUNTA: Eu estava justamente refletindo sobre essa questão de que é parte do nosso dever fazer o bem, coisas que ajudam as outras pessoas, proteger os inocentes, e você está dizendo que é preciso deixar isso pra lá?

ABRAHAM: Não. *Estamos dizendo, e este é o nosso intento, que vocês serão inspirados para a ação — mas sempre estarão nos calcanhares alheios se tentarem convencer as pessoas a parar de fazer algo.*

Não estamos dizendo que vocês não devem eleger causas nem ter crenças. Certamente essa é uma das mais gloriosas partes da experiência física. Vocês vieram a este meio ambiente em que existem muitas outras pessoas porque querem praticar seu poder de influência. Para onde é dirigido esse seu desejo de influenciar? Estado de felicidade.

Queremos que vocês compreendam que há muitas coisas que conduzem à felicidade. A MAIORIA DOS SERES FÍSICOS COSTUMA ENVEREDAR PELO CAMINHO DE DITAR AOS OUTROS DETERMINADO COMPORTAMENTO PARA CONDUZIR AO ESTADO DE FELICIDADE DELES — *não compreendendo que ao ditar o seu comportamento estão agredindo a liberdade, porque vocês estão aqui para tomar suas próprias decisões.*

A maioria daqueles que vivem falando a respeito da necessidade de manter a ecologia ou o meio ambiente da terra (e aqui vamos ter bastante enfáticos) faz isso para respaldar suas próprias intenções. E isso inclui você. Eles o trazem para esse movimento porque é um modo de ter acesso ao dinheiro. Se realmente quisessem fazer grandes benefícios à ecologia, tratariam de fazer uma imagem bastante forte do que querem, em vez de ficarem gastando tanto dinheiro e focalizando o que é errado. Os que querem paz têm de visualizá-la, em vez de fazer campanhas contra a guerra. Muitos deles trabalham pesadamente até contra si mesmos. Seus médicos, que clamam por saúde, pensam mais em doença, e assim atraem moléstia, do que todos vocês reunidos. Com o atrativo da mídia televisiva ficam apontando para vocês os perigos das enfermidades e as vulnerabilidades do seu organismo, e divulgam estatísticas que dão a você essa forte sensação de vulnerabilidade, influenciando-os, por meio das notícias, em direção à doença. Certamente muitos negarão isso retrucando: "Sou médico porque quero ajudar as pessoas", mas nós afirmamos que os resultados que obtém são opostos aos que manifesta. Quanto mais documentos são divulgados sobre a Aids, mais ela de expande. Quanto mais você fala sobre vulnerabilidade, mais se sente vulnerável.

Assim, se você está querendo influenciar o mundo em direção ao fim próximo, qual é o troféu? Uma linda casa, um lindo carro, uma maravilhosa relação afetiva, uma linda terra e atmosfera ou o estado de bem-estar? O MAIOR TROFÉU É O SENTIMENTO DE FELICIDADE. *Certamente todas essas coisas podem expandir seu sentimento de liberdade, mas você não chega a ele atraindo o que é ruim.* Consegue seguir o raciocínio?

INTERLOCUTOR: Sim, mas também tenho a sensação de que você está dizendo que pode fazer as coisas ruins desaparecerem imaginando que não existem.

ABRAHAM: Você pode. E lá vem de novo aquela questão. "ABRAHAM, você quer dizer que devemos enfiar nossas cabeças na areia?" Este é o ponto: *"Você não vive em um só mundo, compartilha uma dimensão e individualmente cria em mundos separados onde há seres.*

Sua experiência física é de percepção. Reflita. Como a deterioração da camada de ozônio afeta você? Queremos saber como isso se reflete em sua vida. Seus tomates estão menos vermelhos? Seu bronzeado está diferente? Como? Nós estamos falando, aqui, de experiências pessoais. Não em como sua vida está sendo influenciada e cuidadosamente guiada por aqueles que têm algo a ganhar, caso você se alie a eles nessas campanhas. Queremos saber como o buraco na camada de ozônio afetou a sua experiência.

INTERLOCUTOR: Não afetou.

ABRAHAM: Queremos que você vá ainda mais além, compreendendo que a camada de ozônio não está se "deteriorando". Seria como olhar para uma menininha e dizer a ela: "Coisas muito ruins vão acontecer com você. Sua pele vai se expandir. Você não continuará como está. Ficará cada vez maior e as coisas no seu corpo mudarão". Simplesmente por descrever a evolução física natural daquele ser, dependendo da forma como o fizer, causará horror àquela criança, não? Então, por que você mesmo se horroriza sobre a evolução de seu planeta? Por que, simplesmente, não deixa que tudo evolua, em seu próprio equilíbrio, e focaliza sua mente na razão pela qual está aqui? Que é justamente para criar o que acontece ao seu redor por meio da direção de seus pensamentos.

Isso nos leva de volta ao que perguntamos antes sobre os "maus elementos" e coisas semelhantes. Muitos de vocês, quando se tornam adultos, caminham para o oposto do que vivenciavam quando crianças e eram muito mais felizes porque estavam focados mesmo é no que havia em sua caixa de brinquedos, percebem? Então, à medida que vão crescendo e se expandem, percebem o mundo ao redor e começam a falar das coisas ruins, ficando cada vez mais inseguros em seu próprio ambiente. Quando vão à escola, por exemplo, percebem que o coleguinha ao lado traz um lanche muito diferente do seu e que o outro garoto puxa o cabelo de quem se senta à sua frente e então deve ser mau menino. *Se você começa a comparar comportamentos e percebe que também é analisado em relação aos demais, trata de fazer julgamentos sobre o que é bom ou ruim, sobre o que é certo ou errado.* *QUEREMOS QUE VOCÊ COMPREENDA QUE TUDO É CERTO — MAS ISSO NÃO QUER DIZER QUE VOCÊ TEM DE VIVENCIAR TUDO.*

Vemos seu Universo como uma cozinha com uma imensa despensa. Digamos que hoje você decida preparar uma torta de maçã. Então, pega a fruta, a canela, o açúcar e todos os outros ingredientes, mistura tudo e faz o que pretende. Hum, e isso é tão bom! Tal como você imaginava que seria. Se era nisso que estava focado, a partir de sua perspectiva, é exatamente o que queria comer, não outra coisa. Então, não vê razão nenhuma para procurar outros elementos na despensa. Aí vê alguém procurando molho de pimenta. "Que mau ele é", você diz, e completa: "Está procurando algo que não tem nenhuma importância". Então, organiza-se em um grupo de seres, faz uma campanha nacional e decide que o molho de pimenta deve ser banido, porque para você não tem utilidade, acreditando que o mesmo se repete em relação a todos os demais.

Sabemos, é claro, que estamos exagerando com exemplos como este. É difícil para vocês relacionarem molho de pimenta com guerra, porque acham que todo mundo deve querer paz e não guerra. Mas o que estamos dizendo é que você não pode ver pelos olhos dos outros. Vocês não conseguem entender...

Asseguramos a vocês que os políticos dão muita atenção à guerra, em vez da paz, porque — não importa o que digam para justificar-se — sua grande preocupação é com a economia, porque isso os mantém lá onde estão. *Assim, não seja mal conduzido pelo que os outros dizem — porque você não compreende as reais razões que motivam suas ações.*

Será que estamos conseguindo fazer com que percebam como é vã a intenção de consertar tudo? Vocês não podem, nesta vida tão curta, nem mesmo identificar as causas que conduzem determinados movimentos. Então, se tentarem seguir os outros, no máximo se transformarão em seres frustrados, que cansaram de ver coisas erradas em todos os lugares e momentos. Assim, estarão entre os que, ao morrer, dizem: "Eu simplesmente não pude ajudar aquele povo. São muitas pessoas e todos estão muito confusos".

Você pode ter uma abençoada, gratificante, deliciosa experiência física. Capaz de sustentar seus sonhos mais maravilhosos. Apenas se permanecer focado sobre a beleza que existe agora mesmo, nesta experiência. É quando você vê algo que deseja ver, como uma magnífica borboleta, ou o maravilhoso sorriso de uma criança, ou sente o carinho de uma grande amizade... AO PERMANECER ATENTO AO QUE DESEJA VER VOCÊ SE SENTE BEM E ENTÃO É UM ÍMÃ QUE ATRAI MAIS E MAIS COISAS BOAS.

Sempre observamos nossos amigos Esther e Jerry se movimentando para diversos lugares. Os que olham de fora pensam que eles vivem em uma espécie de "Terra-do-Nunca", alheios à realidade. Muito bem. *O QUE É REALIDADE? SUA REALIDADE É APENAS SUA PERSPECTIVA DO QUE É.*

Esse grupo de seres, reunidos aqui hoje, está tendo uma experiência comum. Ninguém mais terá algo parecido porque o que estamos compartilhando tem a ver com suas crenças e intenções individuais. *O que vocês viveram antes de hoje tem muito mais a ver com o que estão vivenciando do que aconteceu agora.*

Assim, quando forem embora e começarem a escrever seus próprios livros, aqueles que recomendamos, serão tão diferentes mesmo ao descrever o que compartilhamos aqui que, se alguém de fora puder ler cada um, não imaginará que tratam do mesmo evento. *A existência de diferentes perspectivas é algo sempre muito bom. Se apenas uma perspectiva fosse suficiente, se a meta fosse ter apenas uma perspectiva, vocês não estariam aqui.*

É O EQUILÍBRIO PERFEITO, É A DIFERENÇA NESTA DIMENSÃO QUE TORNA ISSO TUDO MARAVILHOSO. Você não sente um imenso alívio quando não tem de ficar consertando algo? Não é gratificante a sensação que vem quando dizemos: "Não é seu trabalho consertar as coisas"? Da mesma forma, quando afirmamos "mas pode tentar, se quiser..."?

Falem a respeito das coisas realmente importantes. Ofereça sua influência onde ela é desejada. Mas sempre a partir de uma perspectiva de alegria, não de frustração.

Quando você tenta consertar tudo, normalmente fica com mais frustração do que alegria. É por isso que dissemos a Jerry que se você fica ali, em êxtase na praia, está sendo mais positivo do que tentando convencer pessoas a respeito da existência de uma grande guerra na qual todos estamos envolvidos, porque alguém está incitando à desarmonia enquanto vocês anseiam por harmonia, portanto, influenciando isso. Dá para entender?

ARTRITE

INTERLOCUTOR: A artrite está interferindo em minha qualidade de vida. Sinto uma emoção positiva porque sei que tenho de controlar meu corpo, mas preciso de ajuda.

ABRAHAM: *Vamos corrigir sua afirmação. Você gostaria de se sentir muito poderosa ao controlar seu corpo. E se realmente estivesse fazendo isso, a artrite não estaria incomodando você. Parece que estamos sendo muito ríspidos ao dizer isso, mas é o que está na origem dos que recebem o que não querem.* As pessoas costumam procurar por bodes expiatórios porque não conseguem perceber o que realmente estão fazendo.

Muitos de vocês nos dizem: "ABRAHAM, isso deve estar errado. Talvez lhe tenha escapado algum ensinamento importante, porque nós realmente temos desejado algo por muito tempo e isso nunca chega". E nós respondemos que às vezes vocês se enganam com as palavras. Dizem "eu quero", quando isso realmente quer dizer "eu quero, eu quero, eu quero" (em tom de súplica), o que na verdade significa "eu não tenho isso, mas eu preciso... e não existe...". Prestem mais atenção ao usar as palavras, porque esse "quero" de vocês é, na verdade, "preciso", na acepção de falta, carência. E olhem aqui um grande desafio para vocês — o Universo não fala a sua língua... as tais "fadas do Universo"... a questão é o sentimento que está por trás da palavra, é isso que conta... As Leis do Universo — pelas quais tudo chega a vocês — reagem a blocos de pensamento e sentimentos correspondentes.

Não se trata, portanto, de uma questão idiomática. É algo muito mais amplo.

Sempre que diz "querer" ou "pretender" ou "sou" ou "ser" é a maneira como você <u>sente</u> que está sendo agregada e que vale. Portanto, se diz "eu quero" mas está se sentindo de outra forma, o que terá é o resultado do sentimento predominante.

Você está indo muito bem. Estamos exagerando nesse ponto particular em razão do benefício que representa, porque a estrutura física é algo em que todos os seres físicos estão interessados.

Seu ser interior está consciente de seu organismo e também de todas as intenções que formula a respeito, também em pensamento, e é isso que você atrai, literalmente.

Se você está vivenciando, em razão de seus pensamentos, uma dor lancinante nos dedos, quanto mais pensa nisso, mais dói. Sim, porque a dor é algo absolutamente perceptivo e se intensifica a partir da intenção que recebe. Algumas vezes é episódica — vem e some. E, se você observar bem, perceberá que quando está pensando em outras coisas, predominantemente, ela não incomoda tanto. É nos lapsos em que se interessa pouco por outros temas que ela ressurge com mais força, ou quando você se sente mais cansada...

SE VOCÊ CONSEGUIR ACEITAR QUE SEU CORPO RESPONDERÁ INTEGRALMENTE A SEUS PENSAMENTOS, PROCURARÁ TIRAR O FOCO DA DOR PARA CONCENTRAR-SE NO BEM-ESTAR. SE ALGO DÓI, PENSE NO QUE NÃO DÓI. CONCENTRE SUA ATENÇÃO NISSO E SENTIRÁ GRANDE ALÍVIO. QUANTO MAIS FIZER ESSE EXERCÍCIO, MAIS BREVE VAI SE RECUPERAR, ATÉ QUE FIQUE TOTALMENTE BOA, DE NOVO.

NÃO HÁ NENHUM ORGANISMO FÍSICO, MESMO QUE ESTEJA EM AVANÇADO ESTÁGIO DE DETERIORAÇÃO, QUE NÃO POSSA SER RESTAURADO EM SUAS PERFEITAS FUNÇÕES E ESTADO DE SAÚDE. NENHUM!

Mesmo que você perca uma parte dele ou algo esteja faltando, seu corpo tem grande resiliência e capacidade para compensar falhas, porque, de toda forma, são os pensamentos que criam a resposta, não as coisas materiais. Com certeza, concordamos que há exceções. Por exemplo, quando há a remoção completa de grandes órgãos, realmente você passa a não sentir mais. São, porém, casos extremos. No geral, os problemas são muito simples.

TRANSEXUALIDADE

PERGUNTA: *O que tem a dizer sobre a transexualidade?*

ABRAHAM: Há muito a dizer sobre esse tema. Sua pergunta é se é certo ou errado?

PERGUNTA: Não, apenas para tomar uma decisão. Que caminho escolher?

ABRAHAM: Repetimos outra vez: atente para seu interior, procurando alegria, liberdade, satisfação, bem-estar e então identifique o que você está querendo. Veja se se trata de ter uma relação afetiva satisfatória em todos os sentidos — e então inspire-se para fazer o que é melhor para você.

Nós encorajamos todas as pessoas, a respeito de qualquer que seja o assunto, mesmo que de grande controvérsia na atualidade, a não se preocupar com a opinião alheia. Ninguém pode entender verdadeiramente por que você toma as suas decisões. Só você.

Temos um excelente exemplo a oferecer, a respeito. Uma mulher muito linda, que vivia na Califórnia, como vocês, ouviu fitas e conversou com Esther, Jerry e ABRAHAM pelo telefone. Resolveu deslocar-se para o Texas, para um contato direto. Assim que ela se aproximou da casa dos Hicks, sentiu um certo desapontamento, porque a propriedade é pequena. Nada suntuoso como ela talvez esperasse para quem fala com o poder do Universo. Claro, a idéia que fazia correspondia à sua imagem sobre a questão do bem-estar. Ela vive em um lugar maravilhoso, em uma casa magnífica, com vista para o mar. Foi sincera a respeito de seu desapontamento, quando falou com Esther, que por sua vez a princípio sentiu-se realmente afetada. Mas não demorou a recobrar seu equilíbrio, até porque seu lar era o que ela e o marido sempre desejaram ter — um lugar que os encanta. E disse, serenamente: *"Alguém que não entende o conjunto de intenções de outra pessoa não pode sentir o mesmo grau de gratificação de uma mesma experiência"*.

Então, falemos a respeito de sexualidade. O que está nas entrelinhas, na base, é a decisão de resistir ao que a sociedade diz a respeito e seguir sua própria liberdade para ser. *Há professores que sabem que estão aqui para ser criadores e não para se conformar ou ensinar o conformismo, mas sim para seguir suas próprias intenções. Há aqueles que são professores e que estão aqui para expressar, claramente, que o que cada um faz não necessariamente tem de afetar alguém mais — e se podem garantir sua liberdade, vocês também podem, impedindo que a influência alheia esteja presente em suas decisões. E quem tem de escolher o que é certo?*

O que existe agora realmente não está funcionando... Olhe a seu redor. As pessoas estão se matando, umas às outras, em imensas quantidades, sob a justificativa de defender sua política ou religião, por meio da guerra. E o que a guerra significa? Que alguém decidiu o seguinte: "Estas aqui são as regras certas e até que vocês não estejam de acordo com elas suas cabeças estão a prêmio, da mesma forma que seu país está ameaçado!".

Na verdade, há muitos seres físicos poderosos desde a sua perspectiva não-física — sua perspectiva interior — que desejam ardentemente ser livres e criadores individuais sob extraordinárias e mesmo irracionais circunstâncias que eles mesmos escolhem... Não queremos dizer com isso que eles assumem o corpo físico com essa decisão. Afirmamos, sim, que o que buscam é, de fato, sua própria liberdade — é isso que os inspira à ação. Infelizmente, muitos deles não encontram a liberdade porque permanecem esperando aprovação. Por isso precisam falar a respeito do que fazem, abertamente, e querem que o mundo lhes diga "aplaudimos você!" ou "nós concordamos!". Ou seja, fazem aos demais o que acusam ou outros de fazer a eles. Vocês estão acompanhando o raciocínio?

Para pedir aos outros que aprovem o que você está fazendo, não é preciso nada além de sentir a negatividade de sua aprovação a respeito.

Em outras palavras, trata-se do seguinte: *Se todos vocês ou cada um ou você pudessem perceber que o ponto nevrálgico de seu trabalho é encontrar sua própria harmonia, e que ninguém mais pensa a respeito disso nem tem nada a ver com a sua experiência — vocês viveriam mais felizes e, ao mesmo tempo, beneficiariam muito mais a todos.*

Embora Esther tentasse convencer sua mãe do quanto ela estava feliz ao trabalhar com ABRAHAM, isso deixava sua mãe apavorada. Ou seja, a mesma experiência traz imensa gratificação a uma e terror à outra, por causa do conjunto de crenças que tem cada uma dessas mulheres. Quanto mais Esther queria argumentar a favor de ABRAHAM mais a situação piorava. E quanto mais a mãe de Esther tentava fazer com que ela se conscientizasse de como era ruim essa relação com ABRAHAM mais as relações entre ambas se complicavam. Mas, quando cada uma delas se afastava dessa questão, focando sua intenção de harmonia mútua, Esther puxava outros assuntos do tipo "como está o tempo, como está a filha, como está o pai, o que você está fazendo, eu penso em você freqüentemente, eu amo você muito, é muito bom quando estamos juntas, o que você me deu tinha um grande significado, eu penso em você todos os dias por uma razão ou por outra". E mais, dizia: "eu olho para meu lar e vejo as belas coisas que você acrescentou e me sinto repleta de amor quando penso em você, mamãe". Como Esther passou a focalizar o que ela *queria* ver em sua mãe, conseguiu harmonia. E o mesmo acontecia com sua mãe. Porém, se elas começassem a tocar no tema que as deixava loucas, a experiência era terrível.

Quando você pára de tentar obter a aprovação dos outros sobre qualquer tema e apenas é, e procura harmonia consigo, e deixa que as pessoas encontrem sua própria harmonia, isso conduz a harmonia mútua e este é um excelente lugar.

CONTROLE DE NATALIDADE E SEXO

PERGUNTA: Quero falar sobre sexo porque é um tema que me causa confusão. Quero dizer: para que ele existe? É por causa da gravidez?

ABRAHAM: Sim, realmente. Mas, freqüentemente a ação é inspirada por um grande conjunto de pensamentos anterior. Em outras palavras, a mulher realmente quer um bebê. O sexo é uma parcela de um querer imenso, é um processo que facilita obter isso, mas é preciso que haja um alinhamento anterior para que a coisa toda aconteça, o objetivo é realmente a perpetuação de sua espécie. É por isso que sua base é um forte, imenso desejo.

PERGUNTA: *Então o controle da natalidade é ruim?*

ABRAHAM: Nós não estamos dizendo que seja importante que cada ser dessa espécie esteja interessado nisso. Haverá quem não esteja... Vocês certamente devem estar imaginando que achamos que o sexo existe só para que tenham bebês. O que nós afirmamos é pelo propósito de expandir sua experiência e isso inclui a perpetuação da espécie. Controle da natalidade não é mau. É simplesmente a decisão de fazer sexo sem ter um bebê.

INTERLOCUTOR: É que muita gente pensa que é mau.

ABRAHAM: *Algumas pessoas acham que muitas coisas são más. Nós pensamos que nada é mau. Achamos que todas as coisas são escolhas.* Em outras palavras, vocês têm opções contínuas. Vamos seguir essa linha de pensamento por um instante.

PERGUNTA: Queremos acrescentar: o que está atrás dessa pergunta? Parece que o sexo causa muitos problemas.

ABRAHAM: É a atenção na falta ou na carência que gera emoção negativa, sempre. Porque tem sido muito distorcida, a sexualidade é um tema muito complicado.

INTERLOCUTOR: É apenas uma parte da nossa experiência física, e não é boa ou má, simplesmente é.

ABRAHAM: Isto está correto. É bom se essa for a sua expectativa a esse respeito e mau se é isso que você espera. É como qualquer outro aspecto da vida.

Vejam bem, vocês vêm com a proposta de criar — um casal, por exemplo, deseja procriar. São duas mentes que estão juntas com uma grande quantidade de pensamentos. Essa é a razão por que é tão gratificante estar em grupo. É a mesma razão pela qual o sexo pode ser satisfatório ou insatisfatório, como estar junto pode ser satisfatório ou insatisfatório. Vocês estão procurando harmonia. Uma realmente gratificante experiência sexual é aquela em que ambos os parceiros estão voltados para a harmonia com o propósito de expandir sua expressão física. *Sempre que duas pessoas se juntam para qualquer vivência, é infinitamente mais satisfatório estar porque isso ilumina, pode ser uma experiência muito feliz, mas não é também maravilhoso estar com outros seres felizes?* Vocês não se sentem muito mais felizes quando estão compartilhando felicidade com os outros? Assim, neste sentido, é o caminho que dois seres humanos fazem juntos, de maneira física, uma experiência mais ampla do que alguém pode experimentar sozinho. E a razão pela qual existe um momento de clímax, de êxtase, é porque há uma confluência, uma harmonia — um mais um pode ser muito mais do que dois. Conseguem acompanhar o raciocínio? O que explica que muitos não vivenciam essa deliciosa experiência é o foco na falta. Porque alguns acreditam que estão fazendo algo errado ou porque ambos não estão em harmonia, entre outras coisas. Essa é a grande confusão. Um casal às vezes se surpreende quando não se harmoniza sexualmente, mesmo que isso aconteça em outros aspectos de sua convivência.

Então, quando tem o prazer de permanecer em harmonia com alguém com quem se dá bem psicológica, emocional e fisicamente, você chega ao êxtase.

A NOITE EM QUE ELES DANÇARAM O HULA-HULA

PERGUNTA: Margaret Mead fundou uma coletividade na qual havia atividade sexual desde a puberdade, mas sem gravidez até que se casassem. Será que eles acreditavam que isso não ia mesmo acontecer?

ABRAHAM: Correto. Suas crenças afetam sua experiência. Veja, eles não tinham um olhar distorcido sobre o sexo, assim estavam tão tranqüilos, tanto a respeito de não engravidar fora do casamento quanto de ter filhos após as bodas. Em outras palavras aquela era a noite em que dançavam o hula.

TRABALHANDO COM JOVENS DE RISCO

INTERLOCUTOR: Eu estou confusa a respeito de um tema, porque acho que meu ponto de vista é negativo. *Eu trabalho com jovens de risco, rotulados como realmente problemáticos. Portanto, o ambiente é de muita energia negativa, mas mesmo assim eu sinto que é um trabalho realmente importante para mim.*

ABRAHAM: Certamente, é importante, na sua perspectiva, na deles e também na de Tudo-O-Que-Existe.

Vamos tocar num ponto que vai ajudá-los a refletir a respeito. Se alguém que você não conhece chama ao telefone e diz "eu nunca mais vou vê-lo", você responde "quem se importa com isso?". Ou seja, aquela ausência não vai chatear você porque não tem importância. *O QUE NÓS QUEREMOS RESSALTAR É QUE QUANDO SENTE GRANDE EMOÇÃO NEGATIVA É PORQUE ISSO É IMPORTANTE PARA VOCÊ.*

Quando você conhece seres que agem de maneira extremamente negativa, deve celebrar conosco a respeito e dizer: "Isto é maravilhoso porque essa é uma necessidade poderosa".

Seria realmente negativo se nessas condições alguém dissesse "quem se importa?", porque a necessidade é o começo de toda a criação deliberada. Porque não dar importância é não deliberado ou não poderoso. Portanto, fazemos o processo de girar com esse tema. Então dizemos: "Sabemos que é uma tremenda necessidade e que eles estão focados na carência, por isso sentem tamanho exagero de negatividade. O que eles querem?". Então, começamos a visualizar, a favor deles, o que achamos que eles querem. Assim, vocês são inspirados a oferecer palavras capazes de ajudá-los. Muitos deles são inteligentes e poderosos. Eles vieram a este tempo porque querem fazer diferença. Eles escolheram todo tipo de experiências que pudessem lhes dar uma grande quantidade de informações, então realmente sabem o que não querem. E nós sabemos que, a partir dessa experiência, eles serão aqueles que no futuro terão extrema clareza para expressar o que querem porque extrapolaram na experiência do que não querem.

Como eles ouviram você, o que desejam é que vá embora e deixem-nos sozinhos. Realmente, eles querem a liberdade. Sua mera existência os ameaça um pouco — por isso resistem a você. Resistem, aliás, a qualquer autoridade com o intuito de "endireitá-los" justamente porque acreditam não haver nada para "endireitar". Eles acham que são como devem ser e qualquer outra coisa precisa ser "endireitada". E, de muitas formas, nós não discordamos deles — trata-se de viver e deixar viver. Eles, na realidade, vivem mais a questão de ser livres e permitir que os demais também sejam. A maioria deles está mais disposta a permitir que você faça o que quiser do que muitos dos "respeitados" cidadãos da comunidade permitiriam que fizessem. Então, eles estão em um lugar muito melhor ao que muitos de vocês consideram. Então, se você os olhasse com outros olhos, novos, encontraria inspiração para encontrar palavras e processos que poderiam ajudá-los no que lhes diz respeito.

Nós diríamos a eles coisas como essas que exprimimos a Esther, quando ela estava praticamente exaurida, a ponto de chorar: "O que você quer?" E a primeira coisa que ela respondeu foi o que não queria. Isso é muito comum. Então, repita a pergunta: "Sim, é óbvio o que você não quer. Mas eu estou querendo falar a respeito do que você *quer*!"

E certamente eles serão "simpáticos" com você; porque dirão: " Eu quero que vá embora. Quero que me deixem só".

Então, continuem dizendo: "Eu não culpo vocês, nem um pouco. Eu penso que o que disseram está muito certo, e estou muito encantada que sejam sinceros a respeito do que sentem. A maioria das pessoas não faz isso. A maioria das pessoas diz uma coisa, mas quer outra. E eu admiro muito que vocês digam o que realmente sentem, porque assim a comunicação é honesta e isso é bom para ambos". E então diga: "Agora, o que vocês querem?".

Novamente, eles dirão o que não querem e escute-os. O seu trabalho é mais ouvir do que qualquer outra coisa. E quando você os ouve, pode ter uma clara imagem do que eles não querem, tão clara que poderá perceber o que *querem*. E, agora sim, poderá continuar a conversa, falando: "Agora, a partir desta posição muito clara do que vocês não querem, creio que poderão definir o que almejam. E o que é?".

E eles responderão: "Sim, que diferença isso faz? Dizer o que queremos não tem nenhum valor".

"Isso não importa, de qualquer forma eu gostaria de ouvir isso, de saber o que querem. Já esclareceram a respeito do que não desejam e eu respeito isso. Agora eu quero ouvir o que querem", e então espere que eles falem. Faça com que ingressem no hábito de saber que embora saibam o que não querem isso está do lado oposto do que eles almejam.

Isso os levará a uma posição mais adiantada porque começarão a perceber que, quando eles manifestam sobre o que não querem, se sentem mal. E quando falarem sobre o que querem, eles vão se sentir melhor. E porque todos desejam sentir-se bem, eles começarão a ver sua interação com você como algo que lhes faz bem. Você deixará de ser alguém que os ameaça, e a quem têm de resistir. Você será uma aliada. Alguém que os entende.

Você não tentará impedi-los de fazer nada. Tratará sim de orientá-los a identificar o que eles querem, para que realmente possam atrair isso.

Assim, tudo que você está querendo, quando espera que alguém pare de fazer alguma coisa, é colocar o foco deles sobre outra coisa. Para começar a fazer outra coisa. Substituir um comportamento por outro. Ou um pensamento por outro. Ou um sentimento por outro. Nós achamos que isso será muito mais gratificante para você.

CUIDADO COM OS SENTIDOS CONTRADITÓRIOS

INTERLOCUTOR: A segunda parte, ABRAHAM, é que eu trabalho muito com Werner, Earhart and Associates. Eu não sei se você conhece essa empresa mas seu foco é a mesma coisa que estávamos falando, temas do mundo. Mas eu penso, depois do que ouvi esta noite, que seja algo negativo. *Quando eu olho para o mundo ressentido ou para a juventude de risco, realmente o foco é muito negativo.*

ABRAHAM: Novamente, repito, toda vez que exista sentimento negativo, é uma indicação de que aí há um grande desejo. Assim, se você imediatamente retirar seu pensamento do que lhe traz emoção negativa e der toda a atenção à solução, então não sentirá mais essa sensação negativa. *É APENAS QUANDO VOCÊ FOCA O PROBLEMA QUE HÁ UM SENTIMENTO NEGATIVO. QUANDO O FOCO É NA SOLUÇÃO, VOCÊ SE SENTE BEM.*

Enquanto você se sentir bem, estará ajudando os outros.

O Universo responde a seu bloco de pensamentos e às vezes você se engana, dizendo palavras que não traduzem o que quer. Você diz a seu filho: "Eu o amo" quando o que realmente queria dizer é "eu queria torcer o seu pescoço, pois o que você está fazendo agora me faz sentir muito mal", enquanto a criança, não importa o que você diga, sabe o significado oculto. E o Universo responde da mesma maneira.

QUEM QUER AGRADAR PERDE A IDENTIDADE

INTERLOCUTOR: *Eu sou uma pessoa que trabalha demais para satisfazer o Universo, e nesse processo sinto que perco a identidade.* Outro dia estava trabalhando quando vi alguém chegar e sabia que ia me pedir ajuda para determinada campanha, e eu disse para mim mesma: "Diga não, diga não, diga não, diga não" ... e...

ABRAHAM: Como a maioria dos seres físicos, a partir do costume de agir primeiro, leva um certo tempo para fazer determinada transição. Vocês agem antes de pensar. E você levou muito tempo da sua vida dizendo sim, por isso, mesmo quando já deseja dizer não, ainda repete o sim — é o costume.

Sua intenção predominante é agradar os outros. E sua ação sempre segue esse desejo dominante. Assim, para alterar a ação, você tem de modificá-lo — defina a intenção de primeiro agradar a si. E é disso que estamos falando esta noite, de saber o que cada um deseja para que assim possa satisfazer-se e se dar uma nova definição de amor-próprio.

Muita gente no mundo vê a questão do amor-próprio como algo muito ruim. Vocês têm ouvido a vida toda: "Ah, você é muito egoísta", portanto é um traço que têm de abandonar. Já percebeu que alguém o chama de egoísta, quando não está fazendo algo que eles (egoístas) querem. E ao afirmarmos: "Ah, maravilhoso e magnífico ser egoísta" queremos dizer: *você não pode ver ninguém senão através de seus olhos e, se não se satisfaz, irradia negatividade e não está contribuindo para a evolução.*

Agora vamos ver se conseguimos exagerar um pouco esse cenário, porque estamos falando através do corpo de uma mulher que pode ser sua gêmea idêntica. Digamos que haja uma pequena cidade onde todo mundo sabe o que todo mundo faz. E ela (essa gêmea) ouviu muita coisa sobre os outros e ficou sabendo que falavam de você. Assim, estava consciente de que seu comportamento era importante para as conversas, e tornou-se alguém que deseja sempre agradar. Infeliz, a maior parte de sua vivência, porque percebeu que não poderia agradar sequer duas pessoas ao mesmo tempo.

Agora você diz: "Sim, sim, sim". E se ressente porque teme ser deixada de lado caso aja de maneira diferente. Você diz sim para as coisas a que gostaria de dizer não e se ressente, repleta de emoção negativa. Assim, mesmo quando diz sim a algo que acredita que deve fazer, ou que deveria dizer sim, isso também se transforma numa coisa negativa porque você está repleta de ressentimento, portanto numa posição negativa.

Aqui está a coisa a fazer. Quando você vai se encontrar, interagir com qualquer outra pessoa, defina claramente a intenção de ter uma experiência boa. Comece pelo interior. Pense em termos do que quer *sentir* ou *ser*: "Eu quero ter um momento bom; eu quero *ser* clara. Eu quero me *sentir* bem; eu quero me *sentir* forte; eu quero me *sentir* segura; eu quero...". Fale sobre as coisas que quer sentir. Isso leva alguns segundos. Então, mova-se para as áreas do *ter*: "Eu quero *ter* conversas que me iluminem. Eu quero *ter*..." qualquer coisa. Não importa a situação, você ficará melhor se souber o que está almejando. E então defina muito bem essa situação, porque também dedicou tempo a isso. Então, quando alguém pede algo que você sabe que não vai lhe satisfazer, pode dizer algo como: "Eu agradeço muito porque você pensou em mim para pedir isso. É uma honra que me peça isso, mas eu estou agora com a agenda completamente lotada. Eu sinto que fazer mais uma coisa seria difundir minha energia de tal maneira que não poderia realizar essa tarefa muito bem nem qualquer outra. Mas eu agradeço muito pela lembrança". Então você faz com que a pessoa se sinta muito bem também. Não parece que você está rejeitando. Então, se está dizendo coisas que também fazem com que se sinta bem, pode agradar a outra pessoa mesmo que se recuse a fazer algo que ela queira. Ela irá embora dizendo: "Essa é uma pessoa muito gentil e tem uma boa razão para se negar". Algo muito diferente, portanto, se saísse reclamando: "Veja só que criatura preguiçosa, não pode fazer o que pedi". Ao contrário, se afastou sentindo poder, porque você teve clareza a respeito do que quer.

Há apenas dois impedimentos para sua criação deliberada: uma é a influência alheia, outra são seus próprios hábitos.

Você tem esse velho costume de dizer sempre "sim", mesmo que ao aceitar algo o prejudique. Mas, ao mesmo tempo, tem necessidade (e hábito) de procurar a aprovação alheia. Portanto, ambos estão arraigados e adaptados à sua vida.

Aqui está a maneira como você pode sair disso: por meio da intenção deliberada, de declarar o que quer.

Você já foi a um *shopping center* muito lotado ou a um aeroporto onde havia tanta gente que ficava difícil decidir para onde ir? Sim, porque você e as outras pessoas se esbarram, de tal maneira que causam desorientação momentânea. E aquilo faz com que se sinta confuso. Mas vire a coisa: na mesma situação, defina bem para onde quer ir e siga em frente. Verá que ninguém mais se interpõe em seu caminho. Quando está no comando, a coisa flui naturalmente. Você sabe o seu lugar. Alegra-se por sua agilidade. Consegue entender o que estamos dizendo?

Isso é o que a Intenção Segmentada fará por você, *se parar cada vez que perceber que está indo para um novo segmento de sua vivência diária — ou seja, aquele bloco de tempo em que as intenções são diferentes do anterior. Se parar e disser: "O que quero sentir neste segmento? O que desejo ter? O que almejo fazer?" A resposta virá rapidamente e então você não será absorvido pela influência de quem quer que seja.* Mas se você não define, delibera, e os outros, sim, então eles estarão exercendo o poder. É a Lei. É o *momentum*. Percebe?

Bem! Essa poderosa energia que vem do não-físico está à disposição de todos. E a maneira que vocês a utilizam afeta sua vida.

Quando o desejo e a antecipação seguem na mesma direção, você se torna tão poderoso que ninguém pode dissuadi-lo. Ninguém que esteja em desequilíbrio. Você atrairá apenas pessoas em harmonia. Assim, é preciso que esteja pronto, ou seja, desejando que alguém lhe peça algo como participar de determinada campanha, como aconteceu. Caso estivesse mesmo querendo isso... Seria algo assim como estar passeando a esmo, naquela noite, com o seguinte pensamento: "Eu tenho um tempo extra, agora", de maneira que alguém pudesse aparecer com aquele mesmo pedido e você tivesse condições de dizer, realmente, sim: "Estou feliz em ver você! Tem algo que eu possa fazer?". E a resposta seria: "Nossa, engraçado ouvir isso de você! Eu estava justamente pensando em...". Percebe?

PARA MUDAR O OBJETO NEGATIVO

PERGUNTA: *Qual é a melhor maneira para mudar a atenção de alguém a respeito de algo em que está realmente mergulhado?*

Alguém, por exemplo, de suas próprias relações, e que você não possa ignorar e que continuamente traz essa questão à baila. Qual a melhor maneira de lidar com isso?

ABRAHAM: Vocês já descobriram que o que não funciona é discordar. Porque, caso insista nisso, o que vai conseguir é mais resistência. É como funciona a Lei da Atração.

Quando alguém permanece aferrado a algo de que não gostamos e que também não lhe traz prazer, a raiva se instala entre ambas as pessoas. É preciso entender que a emoção negativa é um recado do ser interior de cada uma delas.

Você já sabe que a emoção é a orientação a partir de seu ser interior para que perceba que está utilizando a energia não-física. Quando se sente mal, seu ser interior indica que você está trabalhando contra o seu desejo. Quando você se sente bem, seu ser interior indica que está trabalhando na direção do que quer. Assim, quando você vê um amigo ou outra pessoa sentir raiva, está ciente de que o ser interior dele esclarece duas coisas. A primeira é que a questão é importante, diz respeito à sua liberdade. A segunda é que o trabalho é contrário ao desejo, ou seja: "Você está voltado à direção oposta à que deseja". Quando sente sua própria emoção negativa, para impedi-la, diga: "Eu estou focado no que não quero. O que desejo?" Nada é melhor para você do que conscientizar-se a respeito do que quer, ao perceber o que não almeja.

Você pode fazer o processo de girar em benefício de seu amigo ou da pessoa com quem se relaciona e que está parado na emoção negativa. Você pode dizer: eu já vi esta raiva antes, portanto sei que esse tema é importante para ele. Sei, igualmente, que está focado justo no oposto ao que deseja... Então, você pode fazer o raciocínio: "O que ele deseja? Penso que queira ser livre, porque nesse determinado aspecto deve se sentir confinado". Então, por um instante, visualize-o como livre. Então, imagine o que você pensa que ele quer ter. *Traga essa imagem até você e pense no que ele quer ter, e assim estará atraindo energia não-física do Universo, e para o bem dele focalizará esse fluxo para o que ele quer.*

Se você não estiver usando a energia de maneira oposta a ele... em outras palavras, se agora se sentir melhor, e realmente se sentirá, neste exato momento estará indo em uma só direção e isso poderá chegar a ele. Se, ao contrário, estiver em oposição a ele, sentirá aquela espiral de mal-estar da mesma forma que ele. *A única coisa que o salva dessa sensação é que vocês estão em caminhos separados e, cedo ou tarde, você vai dormir e isso vai parar essa cadeia de pensamentos.* Talvez, quando acordar, sinta algo remanescente. Mas você já está chegando ao ponto certo. É um processo de girar, que acontece primeiro com você e depois ajudando o outro.

Um jovem pai nos procurou e disse: "Meu filho está fazendo xixi na cama. Ele já é muito grande para fazer isso e eu não sei mais o que fazer". Nossa resposta: "Quando vai ao quarto dele pela manhã e vê que ele molhou o colchão, como você se sente?". E ele admitiu: "Eu me sinto desapontado e muito irritado". E diz para a criança: "Você é muito grande para fazer isto, já falamos bastante a respeito; pegue suas roupas molhadas e jogue no cesto do banheiro". Comentamos: "***Você está perpetuando o xixi na cama, porque está se harmonizando com o que ele não quer***".

SEMPRE QUE VOCÊ ESTIVER SENTINDO EMOÇÃO NEGATIVA ESTÁ PERPETUANDO JUSTAMENTE A COISA QUE NÃO QUER. Recomendamos: "O mais indicado é o processo de girar". Ele não sabia o que era e nós explicamos. É a mudança do seu foco do que você não quer para o que deseja. E você sabe que fez tudo porque se sente melhor.

Sugerimos: "Quando você entra no quarto dele de manhã e vê que a cama está molhada e sente aquela emoção negativa que o alerta para o que você não quer, pare e pense na sua intenção. O que deseja?". E ele respondeu: "Eu quero um filho que levante feliz e sequinho, sentindo-se orgulhoso de si mesmo em vez de embaraçado e envergonhado. Eu quero um quarto que cheire bem, e um filho que se sente muito bem". Recomendamos: "Muito bem. Reflita um pouco sobre isso e quando você realmente tiver absorvido essa perspectiva as palavras que virão serão mais ou menos como: "Ah, isso faz parte do seu crescimento. Todos nós já passamos por isso e você está crescendo muito depressa. Então, leve suas roupinhas molhadas para o cesto do banheiro". Duas semanas depois esse pai nos chamou ao telefone e disse que o xixi na cama tinha acabado.

Você sabia que mesmo quando não fala irradia? Todos se comunicam muito mais por blocos de pensamentos do que com palavras. Vocês aprenderam a se enganar com palavras — a si e aos outros. Nós não estamos dizendo que isso é deliberado, mas sim que vocês mascaram o que querem dizer. Você diz: "Eu quero, eu quero, eu realmente quero", quando na verdade está dizendo ao Universo: "Eu não posso ter isso, eu não tenho isso, eu não sou digno disso, eu não sou suficientemente inteligente". Mesmo quando você usa as palavras "eu quero", o significado é diferente.

Seu ser interior oferece uma resposta emocional para informar o que você está dizendo ao Universo. *VOCÊ NÃO PODE QUERER E SENTIR MAL AO MESMO TEMPO. Quando está focado na carência do que quer, se sente mal.* Essa é a Lei. O processo de girar é fundamental para a sua vida, porque por ele você sai de um ponto negativo para um positivo, por deliberação, e sabe que quando se sente bem está no caminho certo. Quando você se sente mal, segue em direção a quebrar a cara. Melhor parar e voltar atrás.

Muitos seres físicos ficam em dúvida, repetindo sempre "o que eu devo fazer, o que eu devo fazer", na certeza de que não sabem o que fazer. Nós ouvimos isso todos os dias e respondemos que, se não sabe o que fazer, não é tempo de agir.

O fato é que vocês não estão entendendo o que significa "pare e não faça nada". SÓ QUANDO VOCÊ ESTIVER INSPIRADO PARA AGIR É TEMPO DE FAZER O MOVIMENTO, CASO CONTRÁRIO, SUA AÇÃO É ABSOLUTAMENTE CONTRAPRODUCENTE. Porque não é a sua ação que faz acontecer, mas sim a intenção. É o que você irradia para o Universo que faz acontecer. Muitos de vocês estão ocupados demais e exaustos. O que estão irradiando? "Não tenho tempo suficiente, não tenho dinheiro suficiente, não tenho amor suficiente..." Então o que recebem de volta? Muito cansaço, pouco dinheiro, quase nada de amor. Exatamente o que vocês estão pedindo. Perceberam bem? Nossa sugestão: saia de férias. Vá para um lugar onde se sinta bem. Fique ali. Esse é o mais gigantesco processo de girar.

Quando você começa a se sentir bem, coisas boas acontecem. Aí e somente aí pode ser inspirado para a ação que vai satisfazê-lo. Brigar com nossos amigos certamente não é a resposta.

USANDO A AÇÃO PARA JUSTIFICAR SUA PRÓPRIA EXISTÊNCIA

INTERLOCUTOR: *Eu quero justamente saber algo sobre ação. Sempre achei que ela valida minha existência.*

ABRAHAM: Muitos seres físicos vêem a mesma coisa.

INTERLOCUTOR: Como seres físicos, nós queremos agir, senão não seríamos físicos.

ABRAHAM: *De fato. Mas não veja a ação com um fim em si, mas como maneira de usufruir o que você cria em pensamentos. Vocês pensam que pela ação fazem as coisas acontecerem, mas agora começam a entender que é de seu estado de ser que fazem as coisas acontecerem. É isso que inspira a ação. A ação expande o estado de ser.*

Quando você está no glorioso fluxo da ação, inspirada por seu querer, isso é delicioso, mas se estiver um pouco chateada, carregando um pesado fardo nas costas, então isso não é glorioso, mas é o que aprenderam no mundo. Vamos ver se conseguimos fazer uma ponte. Primeiro refletiremos a respeito.

Seres físicos tendem a validar sua vida pela ação. Então, filosofam mais ou menos assim: "Se você quer fazer algo por si mesmo, tem que trabalhar muito pesado", ou ainda: "Aqueles que não trabalham não conseguem nada" ou "Sem dor não há êxito". Assim, vivem sob essas crenças, que para evoluir têm de sofrer. Em outras palavras, se não estão feridos, vocês não são dignos.

Queremos que compreendam que *TODA VEZ QUE VOCÊS SE FEREM ESTÃO CRIANDO O CONTRÁRIO DO QUE QUEREM. Toda vez que sen-*

tir dor, seu ponto magnético de atração está na direção das coisas que você não quer.

Nós estamos falando a respeito da necessidade de mudar velhos hábitos que não funcionam, substituindo-os por outros que realmente são eficazes. Hábitos como parar e dizer, quando vocês reconhecem que estão se movendo para um novo segmento: "Como quero me sentir?", "O que desejo ter?", "O que quero fazer neste segmento?", deixe que a ação se inspire no primeiro pensamento. Nós já dissemos isso muitas vezes, então onde vocês estão agora? O que precisamos dizer para que se coloquem nesse espaço de clareza?

DA CARÊNCIA PARA A REVELAÇÃO

INTERLOCUTOR: *A correlação que você fez entre meu pavoroso sentimento de carência, há muitos e muitos anos, e para onde isso me lançou me deu uma revelação que eu jamais havia tido antes.*

ABRAHAM: Bem, você não só estava pronta para sair dessa posição de carência, como agora vê o caminho para o que deseja.

INTERLOCUTOR: Sim.

ABRAHAM: Imagine o homem que procura riqueza. E nós não estamos considerando isso ser materialista, porque tudo no seu ambiente é; portanto, é um bom ponto de partida. Ele procura riqueza, mas não tem. Então, como sai da posição de não ter para a de ter? Conscientizando-se de que o que ele já tem é bom, procurando razões para sentir-se bem com isso, considerando os R$ 100,00 que tem no bolso como algo de muito valor, "Eu quero ter isso, ter isso, e mais isso", até que tenha uma sensação de prosperidade. Agora, nós sabemos que se esse homem continuar a fazer isso, não tardará a ter milhões e milhões de reais, que igualmente usará para sentir a prosperidade. E sabemos que em pouco tempo olhará para trás, para quando tinha os R$ 100,00 e viverá uma gratificante experiência pela evolução que experimentou.

Queremos dizer com isso que, sob qualquer condição, procure uma razão para sentir-se bem, e isso é sempre possível, em vez de procurar motivos para frustrar-se, como, por exemplo, comparando-se com algo que está fora de você. Se fizer isso estará naquele lugar privilegiado de atração positiva.

A COMPARAÇÃO É UMA ARMADILHA MORTAL. É o ponto de partida, o meio e o fim de muitas derrotas — porque isso sempre leva para uma posição de emoção negativa, ou seja, atração negativa. E você simplesmente não pode agir o suficiente para compensar isso. Simplesmente não pode. A maneira como se sente é muito poderosa. Extremamente poderosa.

Vamos dar um exemplo. Todos já sentiram necessidade de auto-apreciação. Isso é inato, porque dá uma sensação de bem-estar que irradia de você. Assim, quando se encontra nesse estado pelo poder do seu desejo, você atrai para a sua vida alguém que está na mesma sintonia e tem muito a oferecer. Por sua auto-apreciação essa pessoa admira você, que diz: "Ah, é tão bom ser apreciado". Mas, mesmo assim, não entende direito o que acontece. Não percebe que isso foi atraído por você e procura aprovação ao seu redor. Então, você vê alguém fazendo algo magnífico que lhe causa algum tipo de carência porque realiza essa maravilha, ou tem muita beleza ou tem muita riqueza, não importa o que seja, e porque fica focando a atenção nisso, no que você não tem, acaba sentindo aquela emoção negativa que vocês chamam de ciúme. A tendência é ser crítico: "Não é apropriado alguém querer isso, ou ser isso, ou ter isso", porque o seu caminho é outro. Você pensa que se diminuir essa pessoa a sensação de diferença vai se reduzir e essa é a atitude predominante na sua sociedade. É uma sociedade muito crítica. Procura razões para não valorizar os outros. Na vã esperança de que isso lhe trará maior grandeza. Nós sabemos e agora vocês começam a perceber que isso não funciona nunca.

É valorizar que traz para você valorização. Em outras palavras, você tem de apreciar algo para atrair mais disso.

Assim, disso se depreende que sob todas as circunstâncias é preciso "olhar para a raiz do bem semelhante". Com essas poucas palavras, nosso amigo Napoleon Hill disse tudo. Isso significa olhar para o que você tem aqui, nesse mar de probabilidades, e focar naquilo que o faz se sentir bem, não mal. Algumas vezes você precisa ficar ali observando durante certo tempo, porque seu hábito é o de procurar a falta. A pior carência que você encontra é em si mesmo. Por isso se sente mal e acha que isso é contagioso. De fato é porque é o que você irradia, inclusive a todo o Universo.

A chave é começar do seu interior. Freqüentemente você diz: "Eu não sei o que fazer". E é verdade. Há infinitas possibilidades. Muitas delas não funcionaram. Você sabe porque tentou. *Por isso fica vagando por aí sem saber o que fazer. Algumas vezes você nem sequer sabe o que quer ter. Mas sempre saberá se parar para pensar a respeito disso. VOCÊ SEMPRE SABERÁ COMO QUER SE SENTIR.*

Jogue o jogo: "Eu sei que quero ser feliz em vez de triste. Eu sei que eu quero ser rico em vez de pobre. Eu sei que quero estar bem alimentado em vez de esfomeado. Eu sei que quero ser vitorioso em vez de fracassado. Eu sei que quero ser poderoso em vez de fraco. Eu sei que quero ser focado em vez de difuso. ..." Diga isso, repetidamente, até que você seja.

Nós sabemos que a atenção negativa, que as palavras geram sobre um tema como a saúde, pode trazer problemas como câncer e Aids, enfisema e diabetes, desde que você fique atento a isso, mesmo porque escuta coisas a respeito e diz: "Não, não eu". E por que às vezes a doença se instala? Porque não sente o seu poder de ser saudável. O que você escuta influencia a sua vulnerabilidade, justamente porque resiste. E o que acontece? Você está se entregando a isso. Então, o que nós estamos recomendando a este grupo, esta noite, é que encontrem um espaço de consciência a respeito de sua perfeição, agora. Saiba que não há carência em sua vida. Apenas uma percepção distorcida e temporária aqui e ali. Câncer, mesmo que esteja se manifestando, é apenas uma distorção da realidade, provocada por uma tensão demasiada sobre isso durante um longo tempo. A verdade é que seu corpo é a perfeição.

Olhe para seu corpo. Saiba que cada célula é uma absoluta representação de você. Suas células estão se regenerando continuamente. E que você está se renovando a cada momento. Este é o mesmo corpo em que você nasceu há tantos anos.

Assim, você se conscientiza de sua perfeição quando diz: "Aqui estou, saudável." E fica com isso por alguns momentos. Visualizem-se nessa situação e tentem captar o sentimento resultante. "Aqui estou, uma mãe magnífica. Aqui estou, uma artista muito criativa. Aqui estou, alguém que oferece pensamentos e novas idéias ao mundo." Encontre palavras que ampliem muito este sentimento. "Aqui estou, aqui estou."

Amigos, seu trabalho, seu trabalho, seu trabalho... O que você deve fazer não tem nada a ver com realizar. *Seu trabalho é trazer você mesmo a um ponto em que consiga sentir a sua força, sua perfeição, sua saúde, seu talento, sua maravilha. Sinta-se bem a respeito disso.*

Isso significa que, se alguém próximo for crítico, trate de não levar a sério. Essa pessoa vê muito pouco de você. Porque você não precisa desta bobagem. Se existe alguma coisa sobre quem pensamos e nos provoca um constante sentimento de carência, o melhor é tomar a decisão de evitar esse tema. Em resumo, seu trabalho é colocar-se naquele espaço de sentir-se bem, porque é daí que você atrai todas as coisas.

Quando nós dizemos "Vocês são criadores", talvez pensem que estamos falando em criadores de móveis, de casas, de impérios, de relações. Não é nada disso. Nós estamos falando sobre a criação de seu estado de ser. E quando tiver entendido e focalizar isso, então todas as armadilhas físicas deste Universo serão eliminadas e você estará em perfeito alinhamento com seu magnífico modo de ser. VOCÊ NÃO PODE FAZER ISSO COM AÇÃO. TUDO ESTÁ CONCENTRADO NA MANEIRA COMO SE SENTE.

QUANDO ALGUÉM SE SENTE FORA DE LUGAR, AQUI

PERGUNTA: O que me leva de volta, sempre?

ABRAHAM: Para onde?

PERGUNTA: Não sei. Gostaria de me sentir como se pertencesse a este lugar.

ABRAHAM: O planeta?

INTERLOCUTOR: Sim, o planeta. Eu gostaria de me sentir OK porque estou aqui.

ABRAHAM: O que é isso... é comum que aconteça com nossos companheiros físicos. Ou seja, aqueles que estão na contraparte física da família não-física de mestres, neste caso específico, de ABRAHAM, são seres altamente envolvidos, que estão conscientes de seu poder, e eventualmente sentem certa frustração por estarem ligados a assuntos mundanos. É mais ou menos como se você soubesse que é uma águia e pode voar bem alto, mas alguém tenha cortado suas asas, dizendo: "Sim, você é uma águia, mas aqui as águias não voam!". E assim você fica andando por aí, lembrando como é voar, mas sem ser capaz de sair do chão. Esse é o ponto principal de nossa conversa com você, agora.

A maioria dos seres do mundo não está pronta para ouvir o que está sendo falado aqui, esta noite. Em outras palavras, isso significa que não estão prontos para aceitar sua condição de seres ilimitados, capazes de absolutamente tudo. Mas foram acolhidos intelectual e mentalmente pelo mundo que não está em condições de captar isso, então permanecem lutando para voltar atrás, continuamente. Há uma parte de você que está prestes a alçar vôo e de fato o faz, mas o que descreve é um sentimento de limitação. Justamente o tema sobre o qual falamos, aqui. Deixe a parte física de lado, por um minuto, enquanto toma consciência do quanto poderoso você é.

Deixe-nos dizer que você não está se sentindo bem, não pode respirar direito, seus olhos estão marejados, seu corpo inteiro dói. Você tem algo que diagnosticaram como um resfriado, com catarro, e se sente muito mal. Você teme por sua vida, nessas condições? *Essa doença ameaça a sua vida? Certamente, não. Sim, porque todas as evidências a respeito levam à expectativa de cura. De recuperação.* O câncer, por outro lado, para o qual não existe cura absoluta, ameaça a sua vida porque as evidências — igualmente observadas em outros seres — despertam a expectativa de fatalidade. Consegue compreender por que o câncer mata com mais freqüência? A palavra *câncer* enche você de medo e o *medo* o conduz ao fim físico. A razão pela qual apresentamos esse exemplo aqui é porque no câncer, ou na vulnerabilidade física, está parte dessa limitação contra a qual você luta. Apenas um, entre muitos.

Há muitos seres físicos que não estão em harmonia com seu imenso conhecimento, então não é incomum que de tempos em tempos fiquem aí dizendo: "O que estou fazendo aqui neste lugar de loucura, quando eu sei que temos potencial para vivenciar apenas alegria? Por que estamos vivendo menos do que isso?". É do que se trata.

DEVER DE COMPARTILHAR A INFORMAÇÃO

PERGUNTA: Eu realmente gostei muito de estar aqui. É a primeira vez para mim e me encantou. Sei que todos seguimos nossos próprios caminhos e que estamos em diferentes níveis. Minha pergunta é: "*É nosso dever compartilhar essa iluminação, ou essa informação, com outras pessoas?*". Muitas vezes me vejo diante dessa questão, uma espécie de chamado, quando as pessoas recorrem à gente, contam seus problemas e esperam alguma orientação, mas ainda não estão prontas para onde a gente está ou para o que sentimos, e esse é um espaço de frustração para mim. Onde está nosso dever? Onde ele começa? Onde ele termina?

ABRAHAM: *VOCÊ NÃO TEM NENHUMA RESPONSABILIDADE SOBRE NINGUÉM. É RESPONSÁVEL APENAS POR VOCÊ.*

Algumas pessoas dizem (e já comentamos aqui): "ABRAHAM, você ensina o egoísmo". E respondemos: "Justamente porque vocês não são suficientemente egoístas ou porque não ficam olhando só pelos seus próprios olhos, que é a única perspectiva que cada um tem, e deixam de estar em um estado de contínuo bem-estar é que não têm nada a oferecer aos demais".

Quando seu amigo recorre a você com aquele tipo de expectativa, que valor isso tem para você? Freqüentemente, quando ele está em um espaço de negatividade, você se sente responsável e, assim, está fora de seu senso de dever, tentando consertar a carência e ajudá-lo — mas a partir dessa perspectiva o que consegue é a resistência alheia... Recomendamos que não tente lidar com isso, assim, diretamente.

Aqui está o que faríamos a respeito: Utilizaríamos o processo de girar, em benefício dele. Sempre que vemos uma pessoa sentindo emoção negativa, sabemos que seu ser interior está lhe dizendo: "Há alguma coisa que deseja, mas você está focado no extremo oposto". Então imaginamos o que ela quer. Geralmente isso nos conduz a uma de três coisas, ou a uma combinação delas: liberdade, evolução e felicidade. Elas se sentem sufocadas, não caminham para a frente, permanecem naquele estado de carência, com emoção negativa. Então, paramos e nos conscientizamos de que elas são absolutamente livres. Tão livres que cada um de seus pensamentos e sentimentos atrai outros, e então nos sentimos melhor, por elas. *Nós as visualizamos conseguindo aquilo que elas querem. Imaginamos que estão evoluindo na vida e descobrindo o que já conhecemos. Mas não nos vemos como responsáveis por ajudá-las na empreitada. Apenas imaginamos que elas descobrem isso sozinhas.* *E ENTÃO TRATAMOS DE SER O MELHOR EXEMPLO QUE PODEMOS PARA QUE ELAS FAÇAM ESSA DESCOBERTA.*

Agora, se você quiser realmente arregaçar as mangas da camisa e socorrê-las, tente fazer com que vejam a relação entre o que estão conseguindo e o que pensam e sentem. Você pode dizer: "Eu me senti daquela forma, mas percebi que quanto mais pensava isso mais recebia isso. Então, eu comecei a me concentrar em não dar tanta atenção ao assunto e assim não atraí mais aquilo".

Em outras palavras, para cada um será diferente. Você tem de ser sensível para onde eles estão. E pode ter muito êxito no movimento. É como se fosse um professor de física quântica, com um nível avançado de conhecimento acadêmico. Você não veria graça nenhuma em ensinar para crianças do primeiro grau, nem elas gostariam muito de ouvi-lo. Haveria muito silêncio. Ninguém diria nada. Não haveria comunicação, porque você estaria muito distante dos interesses correntes delas.

Muita gente no mundo não está pronta para o que você sabe, mas outros se encontram preparados. E, pela Lei da Atração, aqueles que estiverem prontos fluirão para você, assim como aqui todos confluíram em uma mesma direção.

Recomendamos que vocês permaneçam atentos. Mantenham os ouvidos abertos. Tracy, a filha de Esther, disse que os golfinhos têm radar ou sonar. E nós afirmamos que todos também têm um instrumento semelhante. Mantenham os sensores ligados e, quando estiverem conversando e o diálogo com alguém despertar seus sentimentos positivos, saberão que o interlocutor está pronto para o que vocês sabem e podem lhe oferecer. Como bom jogador de tênis, você não vai procurar como parceiro alguém cujo desempenho na quadra esteja aquém do seu. Vai querer quem é compatível ou até melhor, porque isso pode ser um grande incentivo para evoluir mais.

Esse é o ponto básico que estamos buscando. Vocês não estão subindo os degraus de uma escada. Isso não é um teste de inteligência ou de capacidade. Vocês não estão medindo sua dignidade. *Vocês estão aqui pelo poder de seus desejos e vieram para esta dimensão para cumprir o que definiram antes. Mas se estão muito distantes dos outros a interação não será benéfica. Serão, sim, de muito valor para quem estiver pronto para vocês.*

É pela clareza do exemplo que você oferece o que sabe, porque palavras não ensinam. É sua maneira de ser que conta. E é realmente por isso que interagimos com vocês. Temos pouca importância, aqui, em sua sociedade física. Sim, podemos dizer palavras que estimulam seus pensamentos, mas é a sua oferta que influenciará e iluminará os que estão aqui. Apenas e tão-somente sejam esses magníficos seres que são!

A ARTE DA CO-CRIAÇÃO

INTERLOCUTOR: Eu tenho uma série de questões, mas tratei de resumi-las em uma ou duas.

ABRAHAM: Isso é uma coisa muito boa. Agora é um novo segmento de sua vida. Você tem este lapso de tempo para fazer perguntas a ABRAHAM. Então, seu propósito é: "Eu quero apresentar a ele o que é mais importante para mim, o que será mais valioso para a minha vivência". Então, do que se trata?

INTERLOCUTOR: Eu estou tendo problemas de co-criação com as pessoas. É como se eu simplesmente não entendesse ou não fosse capaz. Desde muito cedo soube que criava minha própria vida. Esse ensinamento, portanto, não foi surpresa. De fato, a primeira fita de ABRAHAM que eu ouvi foi muito emocionante, porque tudo era do meu conhecimento, que todos somos criadores de nossas experiências. Eu pensava, quando jovem, que se tratava de algo parecido a um jogo. Eu não percebia que as pessoas estavam certas de que suas ações estavam fora de suas mãos.

Na vida, eu criei uma série de coisas por mim e rapidamente! Na verdade, o que eu encontrei foi muito ciúme, muita falta de compreensão...

ABRAHAM: Em relação a você?

INTERLOCUTOR: Sim. E eu me senti muito isolada e só, tanto que deixei de fazer isso. Lembro-me de ter tomado uma decisão consciente a respeito. Eu me sentia muito fora de lugar, aqui nesta vida. Passei por diversas fases. Agora, estou tentando, e provavelmente foi o que aconteceu ao longo do tempo, encontrar um espaço confortável para mim. Onde eu me sinta bem. Porque a maioria das pessoas não conhecia minha capacidade e quando me viam criar o que eu queria não era muito bem-vista — as reações eram negativas.

Na minha co-criação, agora, eu me vi, de novo, enfrentando um grande problema quando, junto com meu parceiro, tentei comprar uma casa — juntamos o que tínhamos e eu fiz a minha parte. Ele, porém, não cumpriu a dele e desistimos. Eu trabalho com ele e com outras pessoas em série de televisão. É absolutamente frustrante para mim, porque de alguma forma não existe harmonia. O trabalho não flui e eu sinto como se não pudesse prosseguir. Estou me sentindo muito desanimada. Não consigo sequer escrever os segmentos sob minha responsabilidade. É como se esperasse por outra pessoa. Não consigo entender como é possível trabalhar em grupo.

ABRAHAM: Deixe que lhe diga que apreciamos muito a sua questão. O que você descreveu de alguma forma já foi vivenciado por todos os que estão aqui conosco.

Co-criação é uma avançada forma de criação. Em outras palavras, antes que você possa ser um eficiente co-criador, tem de entender muito bem como é a sua criação. E você mesma diz que desde muito cedo já sabia muito bem o que era isso. Era solista, fixava a atenção no que queria por meio do pensamento e, como sabia que era possível obter seu desejo, ele se tornava realidade. O que acontecia era que atraía energia não-física, como se fosse uma parte da rede de eletricidade, pelos seus pensamentos. E, como acreditava, conseguia. Os outros, porém, não aprovavam a sua atitude porque a abundância que você vivenciava mostrava como eles eram carentes, por isso o ciúme. Mas na verdade você não tinha clareza suficiente a respeito da importância de sentir-se bem sob quaisquer circunstâncias, então foi afetada por essa influência negativa, que por sua vez levava-a a dispersar energia.

Em outras palavras, você começou a balançar uma parte de sua crença a respeito do que podia acontecer. E a intenção se dissolvia em direções distintas. Você dizia: "Eu quero ser rica e famosa, mas também quero ter amigos, e eles parecem não acompanhar o que faço. Eu quero ser poderosa, mas não tanto que os demais se sintam ineficazes. Eu quero ser poderosa, quero ter as coisas que desejo, mas não andar por aí como uma raridade, uma espécie de extraterrestre, em um mundo onde a maioria das pessoas não pode criar". E o que começou a acontecer foi que a sua ausência de fé na capacidade dos outros — porque você sentia o ciúme deles diante de suas criações — levou-a à sensação de que trabalhar em grupo não ia funcionar. É simples assim.

O que quer é muito simples. Você se sentirá livre disso, aliviada, até mesmo ouvindo nossas palavras a respeito e terá evidências de que está caminhando adiante. Se olhar para os outros com a intenção de encontrar neles o que quer ver, perceberá que é possível buscar essa harmonia, na co-criação.

Vejamos se podemos oferecer um bom exemplo, para que você possa entender claramente o que queremos dizer. Uma menininha de dois ou três anos vê algo que quer. Poderia muito bem ser você. De fato, é mesmo a sua história. Observa algo que quer e lhe faz bem. E quando olha para aquilo, chama sua energia não-física. Aquilo entra em seu sistema de pensamento. Ela conduzia esse sistema na direção do que queria e, com aquela idade, não tinha razões para acreditar que não fosse uma coisa boa ou que não pudesse ter aquilo. Assim, todos os seus pensamentos, crenças e desejos iam na mesma direção — e ela estava justamente irradiando. "Ah! eu gostaria de ter isso", dizia a si mesma. E você literalmente moveria céus e terras para ajudá-la.

Mas agora, por alguma razão, como os amiguinhos ciumentos ou a mãe que lhe dizia "não", ela já não pensa que pode conseguir o que deseja. Assim, está se queixando ou chorando. E como você se sente? Está disposta a ajudar a menininha ou pretende mandá-la ficar fechada no quarto? Esse é o modo como o Universo responde a você.

QUANDO TODOS OS SEUS PENSAMENTOS SEGUEM EM DIREÇÃO AO QUE VOCÊ QUER, CONSEGUE ISSO. Tudo o que aconteceu tem a ver com a influência que sofreu; permitiu que sua energia se dissipasse.

Você lembra de um tempo em que sua energia não estava dispersa e agora tenta descrever isso. E tudo do que precisa é recuperar essa energia rejeitada e fazer com que vá em direção ao que deseja. É o processo de girar. No momento em que sentir o desejo e o receio trate de identificar o certo e o errado e depois focalize, claro, o que é certo.

Há uma linha de pensamento que segue tudo o que você diz e que pode conduzir a desapontamentos, aqui ou ali. E quando você pensa muito em algo é o que acontece. Portanto, quando pensa que algo não sucederá, não acontece mesmo. Mas quando acredita que ocorrerá, realmente acontece. E isso pode acabar influenciando também outras pessoas, ao redor, caso elas observem que você consegue e pensam que também poderiam. Ou seja, se realmente desejam algo.

INTERLOCUTOR: Eu atraio facilmente, também, o que não quero.

ABRAHAM: É porque você é muito poderosa. Levou inúmeras vidas para chegar a isso. Esther é muito poderosa, também. Ela vai a um hotel, passa a noite lá e recebe a conta de duas diárias. Reclama, telefona ou escreve uma carta para a direção da empresa, eventualmente, fala a respeito disso com o marido e ele sorri, porque sabe que está falando do que não quer. E quando ela se dá conta, procura justificar-se, "Não é culpa minha, é culpa deles. Eles fizeram essa confusão." Em um breve lapso de tempo, a mesma coisa se repete no próximo hotel. E no seguinte. E também na locadora de automóveis. Nós costumamos brincar com ela a respeito disso, dizendo que não se importa de perder alguns trocados, mas certamente se irritaria se fosse muito dinheiro. Tentamos fazer com que perceba que está dando atenção ao que não quer, de maneira que a mesma coisa se replica porque a energia está dirigida a isso. Você consegue tudo em que focaliza o pensamento.

Um de nossos amigos falou a respeito de disciplina, achando que tinha a ver com ação, mas também pode ser aplicada a pensamento e emoções. *Acostume-se a sentir-se bem. Essa é a única disciplina de que precisa.* Tome a decisão de fazer só o que faz você se sentir bem.

Se tudo o que dissemos até aqui pudesse ser resumido em uma só frase, ela seria: "PROCURE O QUE FAZ VOCÊ FELIZ E FIXE A ATENÇÃO NISSO".

Seu trabalho de escrever pode ser observado a partir da mesma perspectiva. Você está querendo deslanchar, mas acredita que está bloqueada. Você quer, mas as coisas não estão indo nada bem. Observamos Esther e seu marido enquanto se dirigiam a um lugar para passar a noite. Era muito tarde e estavam cansados. Ela estava ao volante no último trecho da viagem e com sérias dúvidas de que conduzia em segurança. Sentia que estava meio confusa e que o carro parecia despregar-se no chão. Disse: "Estou cansada demais para continuar ao volante". E imediatamente sentiu-se irritada. Mas aí fez uma pausa para reflexão: "Espere um minuto. A energia do Universo está à minha disposição. Por que não a uso a meu favor agora mesmo? Quero me sentir reanimada. Quero me sentir a salvo, ao volante do carro. E seguir em direção a um lugar onde possa descansar em uma boa cama". Instantaneamente ela ficou em estado de alerta, sentindo-se renovada, sorrindo e olhando a paisagem à sua frente, feliz da vida. O que é isso? Mais ou menos como curso de cruzeiro, nos aviões. Como funciona? Agora ela não estava apenas dirigindo, mas sentindo o próprio carro e viajando em perfeita segurança. E a parte mais importante da história é que não estava procurando um substitutivo para a falta de opção diante do cansaço. Nada disso! Estava ali em estado de absoluta felicidade, com o Poder do Universo à sua disposição para usar como quisesse. Quando o casal finalmente chegou a um hotel, ela quis sair para dançar. Manifestação instantânea, não é mesmo?

Decida o que quer observando seu organismo e a maneira como se sente. Você se sente mal? Tudo o que tem de fazer é dizer: "Eu desejo me sentir bem, eu desejo me sentir bem, eu desejo me sentir bem, eu desejo me sentir bem". E antes que faça isso umas dez vezes já estará se sentindo melhor. Então, diga: "Eu quero me sentir inspirada. Eu quero trabalhar. Eu quero colocar as palavras no papel. Eu quero inspirar o mundo. Eu quero fazer isso. Eu quero. Eu quero. Eu quero!". Faça suas declarações.

Declare o que deseja e utilize o Poder do Universo para conseguir isso. E cada vez que você fizer o contrário, seu ser interior lhe dará uma ligeira sacudida. E se persistir nisso, a sacudida será mais forte. Não com sentido de agressão, mas sim como resposta a um pacto, um trato. *Seu ser interior diz: "Toda vez que seus pensamentos não estiverem em harmonia, farei com que você sinta isso, para que possa realinhar esses pensamentos, alterando-os na direção do que quer".*

Você está em uma posição muito melhor do que imagina, porque nunca se encontrará em condições mais adequadas para criar senão quando sob intensa emoção. E você tem estado em um nível emocional muito elevado. Achamos que completou seu processo de girar, ao vir aqui, esta noite.

Não julgue a maneira como se sente agora. Você está cansada. Estamos conversando há muito tempo e você está pronta para procurar a reanimação. Mas prometemos que ao despertar, pela manhã, sentirá uma clareza como nunca antes.

Então, comece o dia fazendo o seguinte: Pegue três folhas de papel, reserve quinze minutos de seu tempo e escreva no alto da primeira: Ser — anote durante apenas um minuto (não mais que isso) o que você está querendo *sentir*. "Eu quero me sentir alegre. Eu quero me sentir livre. Eu quero me sentir inspirada. Eu quero me sentir próspera. Eu quero me sentir... (seja o que for, de bom)." Então, comece a segunda folha escrevendo: *Ter*. Leve uns seis ou sete minutos nisso. "Eu quero ter essa relação afetiva. Eu quero ter esta casa. Eu quero ter esses sapatos... este carro... este corpo (seja lá o que for de melhor)." Não importa. Tangível ou não tangível. Liste o que quer ter. E na terceira folha, anote, durante cerca de sete ou oito minutos: *O que eu Vou Fazer Hoje*. Depois de usar esse processo ao longo de uns 20 ou 30 dias, descobrirá que o que você faz estará em harmonia com seu estado de ser.

ESTE É O PROCESSO PELO QUAL VOCÊ ENTRA EM HARMONIA CONSIGO E ISSO É SÓ O QUE IMPORTA.

Você recebe pensamento do Universo, das pessoas que estão ao redor, de nossos amigos físicos, de nossos amigos não-físicos. Mas a maneira como você reage a isso são seus sentimentos — eles indicam o que tem valor e o que não tem.

Não tente imaginar muito. Concentre-se apenas em sentir-se bem. Quando você recebe o fluxo de energia não-física — "corrente" é uma adequada maneira de descrever isso —, tome mais decisões a respeito do que vai fazer com isso.

É como Esther, no carro, naquela noite, ao perceber que o poder do Universo estava em suas mãos. Naquele momento ela não teve de decidir o que queria, nem qual o melhor plano para o próximo evento. Não teve de decidir absolutamente nada. Apenas disse: "Quero me sentir feliz". É tudo do que você precisa. E quando você está naquele espaço, tudo virá de lá.

Gostamos muito desta interação. Foi de tremenda importância para nós, não apenas para vocês, porque Tudo-O-Que-Existe foi beneficiado e milhares e milhares de seres não-físicos se deleitaram com a clareza resultante do que foi oferecido aqui. Nada semelhante havia sido agregado ao Universo, antes. É uma experiência absolutamente única e sua participação tem imenso valor.

NOS PRÓXIMOS DIAS RECOMENDAMOS QUE VOCÊS PROCUREM A FELICIDADE E TUDO O MAIS SERÁ INSPIRADO A PARTIR DAÍ.

Vocês não serão inspirados para ações alegres se estiverem com sentimentos negativos. Simplesmente porque isso desafia a Lei. Portanto, faça tudo o que for possível para manter-se nesse estado de sentir-se bem e então delibere. Controle mais os seus pensamentos, porque assim também se sentirá cada vez melhor. Desenvolva o hábito de sentir-se bem. A repetição é necessária, para frisar bem esse ponto fundamental. Vocês podem desenvolver hábitos rapidamente. E este será ainda mais fácil, porque seu ser interior está nesse lugar. Seu ser interior adora você. Seu ser interior sabe do poder e força que tem. Seu ser interior sabe que você tem a capacidade de ser ou ter qualquer coisa que queira.

Aqui, há muito amor para vocês. Vocês são completos e perfeitos a cada momento de sua existência!

Este livro foi composto em Minion
e impresso pela Edigraf sobre
papel polén soft 80g para a Ediouro, em abril de 2008.